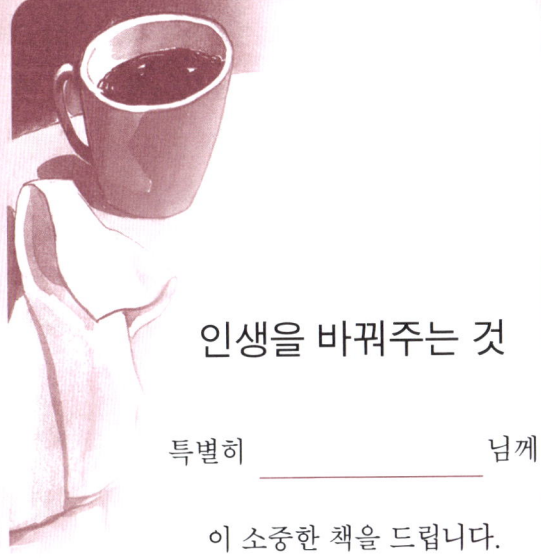

# 인생을 바꿔주는 것

특별히 _____ 님께

이 소중한 책을 드립니다.

# 인생을 바꿔주는 것

의미없는 인생에서 가치있는 인생으로

하 순 회 교수 지음

**나침반**

| 들어가는 말 |

# 최고 인생으로의 초대

우리가 인생을 끝까지 아름답게 살 수 있으면 얼마나 좋을까요?

또 삶의 끝을 두려워하지 않고 맞이할 수 있으면 얼마나 좋을까요?

"나에게 삶을 다시 살 수 있는 기회가 주어진다면 어떻게 살 것인가?"

이런 질문을 받게 된다면 어떤 답을 하시겠습니까?

할 수만 있다면 다시 시작하고 싶다고 느끼는 것은 비단 저 만의 생각은 아닐 것입니다.

이 글은 믿음과 소망에 관한 글입니다. 제가 배우고 체험하고 느끼고 깨달은 것을 바탕으로 쓴 것입니다. 몇 분이라도 공감하시는 분이 계신다면 그 분께는 도움이 될 수 있을 것이라는 바람을 갖기에 용기를 내었습니다. 무엇보다도 제가 소중히 여기는 분들께 꼭 들려드리고 싶은 이야기를 적었습니다.

성경에 이런 말씀이 있습니다.
"누구든지 그리스도 안에 있으면 새로운 피조물입니다. 이전 것은 지나갔습니다. 보십시오. 새 것이 되었습니다." (고린도후서 5장 17절)

제가 참 좋아하는 성경 구절입니다. 지금까지 어떻게 살았든지 간에 새롭게 시작할 수 있는 소망을 이 말씀에서 발견하였기 때문입니다. 저에게 소망을 준 성경 말씀이 다른 분들에게도 소망을 줄 수 있을 것이란 기대를 합니다. 지금까지 어떤 인생을 살아 왔든지 간에 앞으로 최고의 인생을 살 수 있는 기회가 누구에게나 열려있다고 믿습니다.

우리는 믿음대로 삽니다. 그럼에도 우리는 무엇을 믿고 사는지에 대하여 별로 생각하지 않습니다. 그러나 생각하지 않는다고 해서 믿음이 없는 것은 아닙니다. 다만 무엇을 믿고 있는지를 모르는 채로 살고 있을 뿐입니다. 저도 전에는 삶이 믿음과 어떤 관계가 있는지를 별로 생각하지 않고 주변 사람의 조언을 따라 세상에서 인정을 받는 삶을 살려고 했습니다. 그러다 구체적인 진로에 대해 고민을 할 즈음에 문제를 깨닫게 되었습니다. 자신의 삶에 만족하지 못하고, 행복해 하지도 않는 사람들의 조언을 따라가는 것이 최선일까라는 의문이 든 것입니다.

'믿음'은 단순히 종교의 문제가 아니라, 제 인생과 삶의 모습에 직결된 것임을 알게 되었습니다. 제가 지금까지 '막연하게' 믿고 있던 것들이 얼마나 믿을 만하지 않은지 알게 되었습니다. 저는 성경에서 말씀하는 내용이 훨씬 더 믿을 만 하게 여겨져서 믿음을 바꾸기로 선택을 하였습니다. 그 후에 저의 생각과 삶이 완전히 바뀌었습니다.

이 글은 공학자인 제가 논리적으로 이해한 바를 적

으려 했습니다. 저는 이 글의 내용을 가지고 기독교에 대하여 거부감을 가지고 있는 분들과 이야기를 나누는 기회를 여러번 가졌습니다. 이를 바탕으로 예수님을 믿지 않는 분들이 가지고 있는 많은 의문들과 오해들에 대하여 어떻게 답을 찾을 수 있었는지를 가능한 많이 포함시키려고 했습니다.

과학적이고 합리적인 사고 체계에 익숙하기 때문에 저도 이해가 되지 않는 것을 무작정 믿을 수는 없었습니다. 그렇다고 제가 이해가 다 된 다음에 믿음을 가진 것은 아닙니다. 믿음을 선택한 다음에 제 이해의 폭도 넓어졌고 깊이도 깊어졌습니다. 아무쪼록 제가 깨달은 것이 이 글을 읽는 분의 의문과 오해를 푸는데 도움이 되길 바랍니다.

이 글에서 저는 성경에서 이야기하고 있는 복음의 핵심적인 요소들이 어떻게 서로 연관되는 지를 설명하려고 했습니다.

그래서 이 글을 쓰면서 제가 기도한 것이 있습니다.

저의 주관적인 판단으로 성경에서 말씀하시고자 하시는 바가 왜곡되지 않도록 하나님께서 제 생각과 마음을 인도해 주시는 것입니다.

이 글은 저에게도 성경이 말씀하시는 믿음이 어떤 것인지를 되새기게 합니다.

'믿음'은 삶의 다양한 영역을 다루고 있는 것임을 발견하게 될 것입니다.

이 글을 쓰는 동안, 나를 격려하고 도와준 모든 분들께 감사를 드립니다. 특히 초고를 검토하며 조언을 많이 준 아내에게 감사합니다. 무엇보다 이 책을 완성하는 모든 과정을 이끌어 주신 하나님께 감사를 드리고, 제가 사랑하는 모든 분들에게 이 글을 바칩니다.

새롭게 시작하길 바라며

**하 순 회** 교수

※본문의 성경말씀은 새번역을 참고로 했습니다.

## 목차

### 1 무엇을 믿고 사는가? 13

### 2 창조를 믿으면 무엇이 달라지는가? 23

1. 존재의 목적과 가치
2. 나를 위하시는 분
3. 하나님의 형상
4. 하나님의 나라
5. 영원한 생명

### 3 세상을 어떻게 이해할 수 있는가? 75

1. 사회에 대한 이해
2. 인간에 대한 이해

### 4 사람은 어떻게 변화되는가? 91

1. 죄에 대한 깨달음
2. 죄에서 돌이킴 - 회개
3. 변화를 받음

# 5 예수님은 어떤 분인가? 117

1. 예수님: 하나님의 계시
2. 예수님: 사랑의 하나님
3. 예수님: 주님

# 6 성령은 누구인가? 149

1. 성령: 하나님의 계시
2. 보혜사 성령

# 7 어떻게 믿음을 가질 수 있는가? 175

# 8 새로운 삶으로의 초대 185

CONTENTS

# 1
# 무엇을 믿고 사는가?

미래에 대한 어떤 소망을 가지고 계십니까? 소망은 저절로 주어지지도 않고 억지로 생기지도 않습니다. 소망의 문을 열기 위해서는 우리가 무엇을 믿는지를 점검해 보아야 합니다.

사람은 누구나 믿음을 가지고 삽니다. 단지 사람마다 차이가 있는 것은 무엇을 믿는가, 즉 믿음의 대상이 무언인가에 대한 것입니다. 사람들은 자신이 무엇을 믿고 있는지에 대하여 별로 생각하지 않습니다.

예를 들어 볼까요?

크리스천인 저는 하나님이 세상을 창조하셨다고

믿습니다. 이렇게 믿지 않는 사람에게 물어봅니다.

"하나님이 세상을 창조하셨다고 믿으세요?"

보통 이 질문에 대하여는 답을 쉽게 합니다.

"아니요, 저는 믿지 않습니다."

이제 질문을 살짝 바꾸어 봅니다.

"세상이 창조되지 않은 것이라고 믿습니까?"

이 질문에 대하여는 쉽게 "네, 저는 그렇게 믿습니다"라고 답을 하지 못합니다.

"그냥 잘 모르겠습니다"라고 은근 슬쩍 답을 회피하는 것이 보통입니다. 물론 "잘 모르겠다"는 답이 틀린 답은 아닙니다. 그러나 이렇게 대답하는 사람들은 실제 삶에서는 "창조되지 않았다"라고 믿는 사람들과 별 다름없이 판단하고 행동하게 됩니다. 그러므로 은연중 믿음의 대상을 선택하고 있다고 해도 과한 말은 아닐 것입니다.

무의식적으로 믿음이 형성되는 과정을 어린 아이를 통해서 엿볼 수 있습니다. 어린 아이들은 자신이 처음 배운 것을 그대로 받아들입니다. 그리고 나중에 다른 것을 알려주면 "내 생각과 다르다"라고 여깁니다. 즉, 자신이 모르던 것을 처음 배우면 그것을 은연 중 믿게 되는 것이지요. 다른 사람으로부터 배우는 과정을 통해서 믿음이 형성됩니다. 처음에는 부모님이 말씀하시는 것을 믿다가 점점 자라면서는 친구들이, 그리고 학교에서 배우는 것을 믿게 됩니다. 이렇게 여러 가지 통로를 통하여 배운 것이 자신의 생각으로 굳어집니다. 이 과정 가운데 합리적인 판단이나 과학적인 사고 방식이 동원되는 경우는 별로 없습니다.

저도 초등학교, 중학교에 다닐 때에는 교과서에서 배운 것이 다 진리인 줄 알았고, 그것을 그냥 믿으려고 했습니다. 커서야 그런 것이 아님을 알게 되었습니다. 교과서도 틀릴 수 있고, 가르치는 분들도 잘못 가르칠 수 있음을 알게 되었습니다.

저는 중학교 3학년 때 어느 날 집 앞에 있는 교회에 발을 들여놓은 것이 계기가 되어서 크리스천이 되었습니다. 그 당시 교회의 중고등부 생활은 공부로 찌들 수 있었던 학창 생활에 활력을 주는 기회가 되었습니다. 또래의 친구들과 어울려 교회에서 다양한 활동을 하였습니다. 성가대, 편집부, 문학의 밤 등의 활동에 참여하면서 또래들과 즐겁게 보냈던 시간들을 추억하면 지금도 미소를 짓게 됩니다. 재미있었습니다. 그 당시 기독교 신앙의 핵심적인 요소들을 배웠고, 그것을 의심하지 않고 믿었습니다. 더 정확히 표현하자면 믿으려고 했습니다. 세상의 지식도 기독교 지식도 별로 고민하지 않고 배우는 대로 받아들이며 믿음을 쌓아갔습니다.

제가 '믿음의 대상'에 대하여 고민하게 된 것은 한참이 지나 유학 중이었을 때입니다. 저는 대학원 석사과정을 졸업하고 미국으로 유학을 갔습니다. 뚜렷한 인생의 목적이 있어서 유학을 간 것은 아니었습니다. 단지 기회가 주어졌을 뿐이고, 주위 사람들이 좋은 기회라고 여기는 것을 놓치고 싶지 않았습니다. 유학을 가기 전까지는 많은 사람들이 좋다고 여기고 세상이 인정하는 것을 추구하며 살았습니다.

그러다가 "내가 왜 유학을 왔지? 나는 앞으로 무엇을 하며 어떻게 살고자 하지? 나는 무엇을 소망하며 살고 있지?"라는 의문이 들었습니다.

철이 늦게 드는 사람처럼 뜬금없다고 여길 수도 있을 그런 질문들을 스스로에게 해 보았는데, 답을 쉽게 할 수 없었습니다. 저에게 뚜렷한 판단 기준이 없다는 것을 인식하게 되었습니다.

그 당시 다니던 교회에서는 각 개인이 어떤 믿음을 가지고 있는지에 대하여 관심을 가지고 있었습니다. "교회를 다닌다고 다 크리스천이 아니다"라는 이야기를 그냥 스쳐 보낼 수는 없었습니다.

"성경에서는 판단하지 말라고 했는데 무슨 근거로 남의 믿음을 판단하는가"라는 반발이 먼저 생겼습니다. 하지만 내가 '무엇'을 믿고 있는 지에 대하여 당당히 이야기를 할 수 없는 자신이 부끄러웠습니다. 겉으로는 표시를 내지 않았지만 속으로는 마음에 동요가 있었던 것입니다. 아울러 기독교인이라고 하면서 성경을 잘 모르는 것에 대한 창피함이 있었습니다. 성경을 읽어야겠다는 생각을 비로소 하게 되었습니다.

성경을 읽기 전까지는 진로에 대한 고민과 교회에서 겪는 내면의 갈등은 별개의 문제였습니다. 성경을 읽는 것은 교회에서 겪는 내면의 갈등을 해결하기 위한 목적에서 시작한 것이었습니다. 그런데, 성경을 공부하면서 두 가지가 다른 문제가 아님을 알게 되었습니다. 그것은 바로 내가 무엇을 믿고 있는지에 대한 문제였기 때문입니다. 내가 선택하고 판단하고 행동하는 것은 믿고 있는 바가 겉으로 드러나는 것임을 알게 되었습니다.

성경은 인생의 가장 기본적인 문제인 "왜 사는가?"에 대한 문제에서부터 "나는 어떻게 해야 행복한가?", 그리고 현실에서 닥친 문제에 대하여 "어떤 기준으로 행동할 것인가"에 대한 실질적인 문제까지 다루고 있었습니다. 성경은 제가 생각하는 바와는 판이하게 다른 관점으로 이런 질문들에 답을 하고 있었습니다. '내 생각'도 따져보면 다른 사람들로부터 배운 것이라는 것을 깨달았던 차였기 때문에 성경에서 가르치는 것은 '내 생각과 다르기 때문에' 거북한 것이 아니었습니다. 오히려 '새로운 관점을 알려 주는' 신선한 것으로 저에게 다가왔습니다.

지금까지 성경을 많이 몰랐던 것이 어쩌면 다행이었습니다. 성경에 대한 선입견이 없이 신선하게 성경 말씀을 접할 수 있었기 때문입니다. 아울러 지금까지 세상으로부터 배워온 것이 성경의 가르침과 얼마나 다른지를 확연히 알 수 있었습니다. 또한 성경의 가르침을 무작정 믿어야 한다는 어떠한 강요도 받지 않았습니다. 생각하고 따져보고 믿을 수 있는 자유가 저에게 있었습니다. 공학 분야를 전공하면서 나름대로 과학적으로 사고하고 사념적인 것 보다는 실제적인 것을 선호

하는 태도도 도움이 되었던 것 같습니다.

다른 세상이 열렸습니다. 믿음이 바뀌니 모든 것이 바뀌었습니다. 내가 누구이고, 어떻게 살아야 하는지를 알게 되었습니다. 다른 사람들을 이해하는 폭이 넓어졌습니다. 사람을 대하는 태도도 바뀌고 마음도 바뀌었습니다. 이렇게 바뀔 것이라고는 전혀 생각하지 못했습니다. 그래서 믿음을 새롭게 한 초기에 제가 좋아한 성경 구절이 고린도후서 5장 17절입니다.

"누구든지 그리스도 안에 있으면 새로운 피조물입니다. 이전 것은 지나갔습니다. 보십시오. 새 것이 되었습니다."

과거에 어떻게 살았든지 간에 새롭게 시작하는 것이라고 말씀하는 구절이기 때문입니다. 저는 새로운 사람이 된 것 같았습니다.

사람들은 흔히 과거에 메이게 됩니다. 이미 저지른 일을 돌이킬 수도 없고 흘려보낸 시간은 주어 담을 수 없습니다. 범죄를 저지른 사람이 감옥 생활을 하게 되면 전과자라는 낙인이 찍히게 됩니다. 시험공부를 하지 않아서 성적을 잘못 받은 것이 성적표에 남아서 진로에 계속 영향을 끼치게 됩니다. 과거에 당연하게 여겼던 탈세와 위장 전입 때문에 청문회를 통과하지 못하는 사람들을 보게 됩니다. 무언가 새롭게 각오를 하고 애쓸려고 해도 "너는 원래 그렇잖아"라고 빈정대는 내면의 소리, 그리고 주변 사람들의 소리를 듣게 됩니다. 결국 지금까지 내가 살아온 모습이 '나'일 수 밖에 없다고, 그래서 어쩔 수 없다고 좌절하기가 얼마나 쉽습니까?

그런데 그런 사람들에게도 소망이 되는 말씀이 성경에 쓰여 있습니다. 우리가 새롭게 될 수 있다는 것입니다. 이것이 어떻게 가능합니까? 그것은 성경에 기초한 믿음을 가짐으로 가능해 진다는 것입니다. 믿음이 바뀌면 생각이 바뀌고, 마음이 바뀌고, 태도가 바뀌고, 나의 행동이 바뀔 것이기 때문입니다. 과거와는 전혀 다른 방식으로 살 것이기 때문에, 과거에 잘못한 것이 더 이상 '지금의 나'가 아닙니다. 이전에 다른 믿음을 지니고 있던 '과거의 나'입니다. 흘려보낸 시간은 어쩔 수 없지만 우리 앞에는 우리가 살아갈 시간과 새로운 세상이 펼쳐져 있습니다. 이 얼마나 좋은 소식입니까?

이 글은 저를 새롭게 하도록, 즉 믿음을 갖도록 영향을 준 성경의 핵심적인 가르침을 정리한 것입니다. 저에게 영향을 끼친 것이기에 다른 분들에게도 비슷한 영향을 끼칠 수 있다고 믿습니다. 자신의 생각과 다른 내용이 있을 지라도 열린 마음으로 끝까지 읽어보시길 권고합니다. 이 책의 각 장은 서로 독립적이 아닙니다. 앞의 내용이 근간이 되어 그 다음 장으로 연결이 됩니다. 그리고 마지막 장까지 읽어야 전체 그림을 다 볼 수 있게 됩니다. 그럼, 이제 성경의 관점으로 나 자신과 세상을 바라보는 여행을 시작해 봅시다.

# 2. 창조를 믿으면 무엇이 달라지는가?

소망은 내가 스스로를 어떻게 생각하는지와 관련이 있습니다. 나는 누구입니까? 나의 가치, 나의 자존감, 나의 존재 이유에 대한 답을 창조주 하나님으로부터 얻을 수 있습니다.

성경은 "태초에 하나님이 천지를 창조하셨다"라고 선언을 하면서 시작합니다. 당신은 이 말을 믿을 수 있습니까? 만약 믿지 못하겠다면 이 세상은 어떻게 시작되었다고 믿고 있습니까? 여러 과학자들이 세상의 시작을 설명하기 위해서 애를 쓰고 있습니다. 자세한 내용을 모르더라도 '빅뱅이론'이라는 말은 한 번쯤 들어보았을 것입니다.

잘 모르는 그 이론을 믿을 수 있습니까?

설사 믿는다고 하여도 빅뱅 그 이전에는 무엇이 있었을까에 대한 또 다른 의문이 생길 수 있습니다. 조금만 따져보더라도 태초에 대한 문제는 우리의 지식이나 상상력으로 소화가 안되는 어려운 문제임을 알 수 있습니다. 당연히 증명할 수도 없습니다.

"지금은 잘 모르지만 과학이 더 발전하면 결국은 지구의 탄생, 우주의 시작 등도 알 수 있을 것이라 믿습니다."라고 이야기 하는 분들을 만난 적이 있습니다. 조금 심하게 표현하면 '과학만능주의'라고 할까요? 그러나 제 생각에 과학을 깊이 있게 연구한 사람들은 대부분 그런 생각을 할 수 없을 것입니다. 왜냐하면 알면 알수록 모르는 것이 더 많아지기 때문이다. 과학이 발전하는 것은 사실이지만, 아무리 시간이 지나도 어느 수준 이상을 넘지 못할 것 같습니다.

제가 전공하고 있는 컴퓨터 분야에서도 '풀 수 없는' 문제라고 알려진 문제들이 있습니다. 많은 사람이 그 문제를 풀려고 도전을 했지만 아직 아무도 성공하지 못했습니다. 저는 제 자신이 그 문제를 풀 수 있다고 생각하지 않습니다. 그 문제에 대하여는 깨끗이 저의 한계를 인정할 수 있습니다.

지성의 한계를 인정하는 사람이라면 (저는 대부분이라고 믿지만) 결국 '창조'를 믿는가 그렇지 않은가는 선택의 문제가 됩니다. 더욱이 창조는 과학과 서로 모순되거나 대립되는 것이 아닙니다. 기본적으로 과학은 창조된 세상이 가지고 있는 질서에 대하여 연구를 하는 것이 아닙니까? 과학의 근간을 이루는 법칙들은 '보존 법칙과 인과 관계'들입니다. 새로운 것이 창조되어 더해지거나 없어지지 않는다는 보존 법칙과 원인이 있어야 결과가 있다는 인과 관계를 기반으로 과학 이론들이 세워지고 있습니다.

반면에 창조는 물질들이 어떻게 처음에 존재하게 되었는지를 설명합니다. 즉, 창조는 과학의 기반이 됩니다. 따라서 인간 지성의 한계를 겸손히 인정할 수 있기만 한다면 창조를 믿기로 선택하는 것은 그리 꺼려질 일은 아닙니다. 당장 이런 믿음을 쉽게 받아들 수 없다 할 지라도 일단 창조를 받아들이고, 성경이 우리에게 제시하는 관점을 살펴보기로 하지요.

성경은 단순히 창조를 하나의 역사적인 시점으로만 규정하지 않습니다. 창조라는 사실 보다는 창조의 주체이신 '하나님'의 존재에 초점을 맞추고 있습니다. 세상이 창조된 것이라면 이 세상을 창조한 주체는 이 세상 차원에 속하지 않는 존재이여야만 합니다. 3차원 공간과 시간의 제약을 가진 세상에 살고 있는 우리의 이성으로는 헤아릴 수 없는 존재여야 합니다, 이렇게 시간과 공간을 뛰어넘는 그 존재를 성경에서는 하나님이라고 소개합니다. 그러므로 앞으로 종교적인 의미에서가 아니라 창조의 주체가 된 존재를 하나님으로 명명하도록 하겠습니다.

하나님이 우리의 지성으로 이해할 수 있는 분이 아니라면 우리가 그 하나님을 어떻게 알 수 있습니까? 성경은 '계시됨'으로 가능하다고 합니다. 하나님께서 우리에게 자신이 어떤 존재인지를 알려주는 만큼 우리가 알 수 있을 뿐입니다. 그래서 성경에 나타난 창조의 기록은 수학에서 이야기하는 공리와도 같습니다. 공리는 모든 사람이 증명 없이 진리로 받아들이는 사실입니다. 수학에서는 공리를 기반으로 하여 다른 이론들이 펼쳐집니다. 마찬가지로 창조와 관련된 하나님에 대한 이해에서 새로운 믿음의 체계가 세워집니다. 그러므로 성경을 통해서 하나님은 어떤 이유로 창조하셨으며 그것이 우리에게 어떤 의미를 주는 지를 생각해 봅시다.

## 1. 존재의 목적과 가치

창조를 믿는다는 것은 하나님이 '목적'을 가지고 창조하셨다는 것을 믿는 것을 의미합니다. 우연히 창조되었다는 말은 어색한 표현이 아닙니까?

부쉬맨이라는 영화를 본 기억이 있습니다. 영화의 처음 장면에 어느 프로펠러 비행기의 파일럿이 코카콜라병을 무심결에 비행기 밖으로 버렸는데, 그 콜라병이 모래톱에 떨어지는 바람에 깨지지 않고 부쉬족에게 발견됩니다. 하늘에서 떨어진 물건이니 비행기의 존재를 전혀 알지 못했던 부쉬맨에게는 얼마나 놀랍고 신기한 물건이었겠습니까?

신이 자신에게 준 선물이라고 여겼지만, 그들은 콜라병이 어떤 용도로 만들어진 것인지를 알 수가 없어서 고민합니다. 콜라병을 방망이로도 쓰고, 반죽에 쓰기도 합니다. 자신들이 만들지 않은 것이기에 용도를 알 수가 없었던 것이지요. 이 영화가 깨달음을 줍니다. 우리 인생도 우리가 만든 것이 아니기 때문에 그 목적과 가치를 스스로 알 수가 없다는 것입니다.

"사람은 어떻게 살아야 하는가?"

"나는 누구인가?"

아무리 고민을 해도 삶의 목적과 존재의 가치를 알 수는 없기에 많은 사람들이 혼동과 좌절을 경험하고 있습니다.

"사람은 꿈을 먹고 산다"고 하듯이 어려서 꿈이 있을 때는 별 고민 없이 삽니다. 그러다가 점점 자라면서 세상이 어떤 곳인지를 경험하게 되면, 꿈이 깨어지는 실패와 좌절을 겪고 방황하게 됩니다. 자기가 추구했던 목표를 이루는 것이 결코 쉽지 않다는 것을 깨닫게 됩니다. 능력이 부족해서 아무리 노력해도 목표를 달성할 수 없는 경우도 있고 때로는 자신에게 주어진 여건이 허락하지 않아서 목표를 이루지 못하게 되기도 합니다. 꿈을 이룬다는 것은 얼마나 어려운 일인지요. 그나마 꿈을 소박하게 가지면 나은 편입니다. 목표를 자신의 능력보다 높이 잡아서 방황하는 젊은이들을 종종 봅니다. 서울대학교를 나오고 미국의 명문대에 유학을 갔다가 자살을 하는 학생도 있습니다. 얼마나 심적인 고통이 컸을 지를 생각하면 안타까운 마음뿐입니다.

설혹 자신이 목표한 것을 이룬다고 해도, 그 이후 공허함을 느끼게 됩니다. 목표를 이룬 사람이나 이루지 못한 사람이나 꿈이 없어졌다는 면에서는 동일하기 때문입니다. 그러므로 또 다른 목표를 세워야 합니다. 그러다가 나이가 들면 목표를 세우는 것 조차 포기하게 됩니다.

"전에는 이런 꿈이라도 있었는데…"라고 회상에 젖을 지언정 "나는 앞으로 이런 이런 것을 하고 싶다"라는 꿈을 꾸지는 않습니다. 삶을 사는 궁극적인 목적에 대하여 답을 찾지 못하고 사는 것이 인생의 어쩔 수 없는 모습인가요?

당신은 자신을 가치있는 존재라고 생각하십니까? 스스로 무가치하다고 여기고 자신감 없이 살아가는 사람들을 종종 봅니다. 자신감을 가지고 사는 듯 보이는 사람도 다른 사람들로부터 인정을 받지 못하게 되면 자신의 존재 가치에 대하여 의심을 품게 되고 자신감을 잃어버립니다.

한 때 많은 사람들의 인정과 주목을 받고 있던 연예인이나 스포츠 스타들이 어느 이유에선가 대중들의 관심으로부터 멀어지게 되면, 삶의 의욕을 잃어버려서 힘들어 하고 때로는 목숨까지 끊는 극단의 선택을 내리는 소식을 듣습니다. 오늘날 경쟁이 심한 환경에서 자라난 많은 젊은이들이 자신감을 잃어버리고 낮은 자존감을 갖고 있습니다. 서울대학교 학생들 상당수가 열등감을 가지고 있다는 것도 놀라운 일은 아닙니다. 반면에 직장인들은 바쁘게 살아가느라 그런 생각을 할 여유도 없습니다. 그러다가 나이가 많이 들었다는 것을 문득 깨닫게 되면 공허함을 느끼게 됩니다.

"잘 살았다"고 이야기할 수 있는 사람이 과연 얼마나 있을까요? 제가 고민한 것도 이 때문이었습니다. 저는 다른 사람의 인정을 받으며 살아 왔었고 낮은 자존감으로 고민하지도 않았습니다. 꿈도 소박하게 갖고 있어서 좌절감을 갖지도 않았습니다. 그러나 세월을 그냥 목적없이 흘려보내는 것에 대하여는 만족할 수가 없었습니다. 그러다가 성경을 통해서 다르게 사는 법이 있음을 알게 되었습니다. 아니, 다르게 사는 법이 있다는 말입니까?

  성경은 그렇다고 이야기합니다. 나의 가치와 존재 목적은 창조주 하나님과의 관계에서 이해할 수 있습니다. 제 아들이 그림을 잘 그리지는 못하지만 정성을 다해 그린 그림이 있습니다. 미술에 일가견이 있는 사람이 볼 때에는 전혀 가치가 없는 그림일 수 있지만, 저에게는 그렇지 않습니다. 돈으로 바꿀 수 없는 가치를 제가 그 그림에 부여하였기 때문에 다른 사람이 그림의 가치를 어떻게 판단하는지는 중요하지 않습니다.

  존재의 가치는 그 존재의 근원으로 부터 가치를 부여 받습니다. 부모에게 있어서 자식들은 모두 귀한 존재입니다. 세상에서 아무리 별 볼일이 없는 존재로 여김을 받아도 부모에게 있어서는 무엇과도 바꿀 수 없는 가치를 가진 존재입니다. 이와 같이 내 생명을 하나님이 창조하셨다는 것을 믿으면, 나의 존재 가치는 더 이상 세상 사람들에 의해 결정되지 않습니다. 하나님이 나를 소중하게 여기시면 나는 존귀한 존재입니다.

세상은 모든 사람을 가치있는 존재로 대우하지 않습니다. 힘이 있는 사람이 힘이 없는 사람을 무시합니다. 힘이 있다고 자존심에 상처를 입히는 말을 함부로 합니다. 돈이 많다고 돈이 없는 사람을 깔보는 일도 비일비재합니다.

사람의 가치를 판단하는 기준은 무엇입니까?

나에게 유익을 주는 것에 대한 기준으로 가치를 판단하면 나의 애완견이 옆집에 사는 사람보다 더 소중할 수 있습니다. 자기의 애완견에게 피해를 준 사람은 저주를 받아도 싸다고 여깁니다. 사람보다 개가 더 소중하게 여김을 받을 수 있습니다.

그러나 하나님은 각 사람을 소중한 존재로 여기십니다. 그래서 성경은 "사람을 (함부로) 판단하지 말라"고 합니다. 이 관점을 갖게 되면서 제가 사람을 보는 시각이 바뀌었습니다.

저도 이전에는 저에게 유익이 되는 사람만 귀하게 여기는 마음을 가지고 있었습니다. 하지만, 지금은 모든 사람들이 가치 있는 존재이고, 그래서 제가 존중해야 하는 존재라고 생각합니다. 직장에서 직급이 낮은 사람이나 세상에서 대우를 잘 받지 못하는 사람도 마땅히 존중을 받아야 할 존재이고, 제가 무시할 수 있는 사람이 아닙니다. 하나님의 관점을 가지게 되면, 다른 사람을 귀하게 보는 눈이 열리게 됩니다. 그리고 더 중요한 것은 자기 스스로를 귀하게 보는 눈이 열립니다. 그래서 저는 낮은 자존감과 열등감을 가지고 있는 사람을 보면, 그들이 창조주 하나님을 믿게 되길 바랍니다.

제가 하나님을 믿은 다음에는 삶에 대한 기대를 가지게 되었습니다. 제 삶은 시시하게 그냥 살도록 저에게 주어진 것이 아니기 때문입니다. 실제로 성경에는 세상에서 변변치 않았던 사람들이 하나님으로 말미암아 변화된 실례들이 많이 기록되어 있습니다.

　예수님의 수제자로 알려진 베드로만 하여도 예수님을 만나서 하나님을 알게 되기 전까지는 갈릴리 바다의 어부에 불과하였습니다. 학문을 배우지 않아서 지적으로 열등하였고, 성미도 급해서 실수도 많이 하는 그런 변변치 않은 사람이었습니다. 그러나 베드로에 대하여 하나님이 목적을 가지고 계시다는 것을 예수님이 알려주셨습니다. 그 이후 예수님을 따라다니며 베드로가 변하기 시작하였습니다. 나중에 예수님의 수제자로 어떤 인물이 되었는지 알고 있지 않습니까?

　세상에서는 남보다 더 잘 해야 된다고 배웁니다. 그러나 하나님은 우리가 남보다 잘하는 것 보다 남을 위해서 살기를 원하십니다. 남을 위하는 길은 무궁 무진합니다. 어떻게 남을 위하여 살 것인가는 처한 환경에 따라 다를 것입니다. 각자에게 창조주 하나님이 이끄시는 삶의 모습은 그래서 사람마다 다릅니다. 구체적인 모습이 어떠하든지 간에 하나님의 목적대로 사는 사람들의 삶은 아름답습니다.

　우리 주변에 그런 분들이 있습니다. 육신의 장애를 이기고 찬양으로 감동을 주는 레나 마리아, 낙심한 사람에게 위로와 힘을 주는 닉 부이치치는 하나님을 믿음으로 자신의 인생을 아름답게 만든 분들입니다.
　홀트 아동복지회의 말리 홀트 여사를 뵌 적이 있습니다. 그분은 홀트 아동복지회를 설립하신 아버지를 따라 한국에 왔습니다. 아버지 홀트씨가 소천한 다음, 말리 홀트 여사에게는 선택의 기회가 있었습니다.
　미국으로 돌아갈 것인지, 아니면 계속 한국에 남을 것인지를 선택할 수 있었습니다. 아버지에게 농장이 있었기 때문에 미국에서 편하게 살 수 있는 기회가 있었습니다. 누군가 왜 한국에 남기로 선택했는지 물어보았습니다. 그때 여사가 한 말이 제 기억에 남아 있습니다. 나 혼자 편하게 사는 것보다 나를 필요로 하는 사람이 있는 곳에서 사는 것이 더 가치 있는 일이었기 때문이라고 하셨습니다. 고아들을 돌보는 것을 하나님이 원하신다는 것을 알고 있었고 그것이 자기 인생의 목적임을 알고 계셨던 것입니다. 만약 미국에 돌아가는 것을 선택하셨다면 그 분은 미국 어느 시골에서 평범하게 살고 말았을 것이고 한국의 많은 고아들은 사랑과 돌봄을 받지 못했을 것입니다.

중국집 배달원이 교통사고로 죽은 사연에 대한 기사가 신문에 크게 보도됐는데「철가방 우수씨」라는 영화까지 나왔습니다. 그는 1.5평되는 쪽방에 월급 70만원을 받고 가난하게 살고 있었습니다. 그런데도 부족한 생활비 가운데서 5만원내지 10만원을 어린이재단에 매달 후원하였습니다. 그리고 4000만원 보험을 들면서 보험금의 수령인을 어린이재단으로 하였습니다.

그보다 더 변변치 않다고 여김을 받는 사람이 있을까마는 그의 인생은 다른 사람에게 큰 감동을 주기에 충분하였습니다. 이렇듯 우리는 남을 위해 사는 인생이 귀하고 아름답다고 생각합니다. 그러나 실제로 그런 삶을 살지 않습니다. 아름답게 살기 보다는 편하게 살고 싶은 이기적인 마음 때문이 아닐까요?

그러나 한편으론 내 인생의 목적이 무엇인지를 알지 못하기 때문이라고 생각합니다. 하나님이 각자에게 주시는 목적대로 산다면 그 삶의 모습은 아름다울 수 밖에 없습니다. 왜냐하면 그분은 아름다움을 창조하시는 분이시고, 각 사람에게 최선을 주시는 분이시기 때문입니다.

## 2. 나를 위하시는 분

창조 사건이 기록된 성경의 창세기 1장을 보면 하루 하루 창조가 진행되면서 반복적으로 "보시기에 좋았다"라는 표현이 있음을 발견하게 됩니다. 이는 창조주 하나님이 피조물들의 창조에 애착을 가지시고 흡족해 하셨다는 것을 의미합니다. 이러한 인격적인 표현이 매우 중요한 시사점을 우리에게 줍니다.

어떤 사람들은 창조를 믿는다고 하면서도 창조주의

인격적인 면을 무시합니다. 신은 창조만 하고, 이 세상의 모습에는 관심이 없는 듯이 생각을 합니다. 그러나 성경에 기록된 것을 근거로 창조를 받아들일 때에는 이런 하나님의 인격적인 면이 핵심입니다. 창조주 하나님은 피조물들이 좋은 모습을 갖게 되길 원하십니다.

하나님 보시기에 좋다는 것은 어떤 수준을 의미할까요? 하나님이 창조하신 자연을 한번 살펴보지요. 자연은 우리가 표현할 수 있는 표현 이상의 모습을 가지고 있습니다. 각양 각색의 꽃들은 정말 예쁘고 아름답습니다. 산과 바다의 웅장함, 구름의 기묘함, 푸른 초원, 하나님이 창조하신 것은 말로 표현할 수 없을 만큼 오묘하고 신비합니다. 가장 간단한 생명체도 얼마나 신비로운지. 우리는 물체를 구성하는 가장 기본적인 원소가 무엇인지도 아직 잘 모릅니다.

이 우주가 얼마나 큰 지도 알지 못합니다. 자연의 질서를 세밀히 관찰하면 경외감을 갖지 않을 수 없습니다. 이에 비하여 사람이 만드는 것은 복잡하기는 하여도 신비하지는 않습니다. 아무리 솔로몬의 옷이 화려하여도 생명의 신비를 가지고 있는 들꽃보다 결코 아름답지 않다고 이야기하는 성경 말씀에 동의합니다. 저는 컴퓨터 공학을 전공하고 있습니다. 사람들이 만드는 컴퓨터는 진보에 진보를 거듭하여 사람들의 감탄을 불러 일으키기에 충분합니다. 그러나 단언컨대 컴퓨터는 복잡하기만 하지, 아름답지는 않습니다. 하나님이 '좋다'고 하시는 수준의 가장 낮은 것도 우리가 만들어낸 최고 수준보다 뛰어납니다.

그런데 하나님께서 당신이 창조하신 피조물 중에 가장 좋아하신 것이 사람이라고 성경은 기록합니다. 인간적인 표현을 빌리자면 하나님이 가장 정성을 기울여서 만든 피조물이 사람이라는 것입니다. 그러니 하나님의 사람들을 향한 애정이 얼마나 크겠습니까?

하나님이 창조하신 세상의 처음 모습을 성경에서는 '에덴동산'이라고 불렀습니다. '에덴'이라는 뜻은 '기쁨'이라는 뜻입니다. 그곳은 기쁨이 가득한 곳입니다. 하나님은 첫 인류인 아담과 하와에게 가장 좋은 환경을 주고 싶어 하셨습니다. 창조주 하나님은 우리에게 최선의 것을 주기를 원하시는 분이십니다.

사람들이 많은 종교를 만들어 왔지만, 사람이 만든 종교에서는 신이 인간에 대해 이런 마음을 가지고 있다고 이야기하는 것을 들어보지 못했습니다. 사람들은 두려움을 벗어나기 위해서 종교를 만들고, 두려움을 주는 존재를 신으로 여겼기 때문에 만들어진 신은 사람에게 최선을 주는 존재가 아니라 두려운 재앙을 내리는 존재로 그려지는 것이 보통입니다. 따라서 사람들은 신이 재앙을 내리지 않도록 신의 마음에 들도록 정성을 다해야 한다고 생각하게 됩니다. 그런 신관에 비하면 성경에서 이야기하는 하나님은 파격적인 분이고 수준이 전혀 다른 분입니다.

성경에서 이야기하는 하나님은 사람들에게 최선을 주기를 원하시는 분입니다. 심지어 사람들이 하나님을 잘못 대해도 기꺼이 용서해 주면서 다시 좋은 것을 주기를 원하는 자비가 한이 없는 분이라고 하십니다. 이러한 마음은 부모님의 자녀들을 향한 마음과 닮았습니다. 자식이 잘못을 저질러서 그 잘못에 대하여 진노를 하더라도 좋은 부모는 자식에 대한 변함없는 애정을 가지고 있습니다. 하나님이 우리에게 그런 애정을 가지고 계시다는 것을 알려주시기 위해서 성경에서는 하나님을 '아버지'라 부를 수 있다고 말합니다.

무섭고 엄격한 모습으로의 아버지가 아니라, 생명의 근원으로 조건없이 사랑하고 끝까지 도움을 주시고 최선을 주시려는 그런 아버지로 말입니다. 다른 종교의 신관에 익숙한 사람들에게 있어서 이런 하나님의 마음은 쉽게 믿기 힘듭니다. 이런 모습의 하나님을 과연 사람들이 만들어 냈을까요?

성경에서 이야기하는 하나님의 모습이 다른 종교의 신들과 너무 다르기 때문에 저는 하나님을 '만들어진 신'으로 간주할 엄두를 낼 수 없습니다. 성경의 하나님은 너무 좋아서 믿기 힘든 그런 창조주이십니다.

  나에게 애정을 갖고 계시며 나에게 최선을 주길 원하시는 창조주 하나님을 믿으면 큰 위로를 얻을 수 있습니다. 그 분은 언제나 나를 이해해주고, 나를 위하려고 하실 것이기 때문입니다. 대부분의 젊은이들은 외로움을 노래하는 유행가 가사에 동감합니다. 돌이켜 보면, 젊은 시절 제가 좋아했던 유행가의 가사들도 대부분 외로움의 심정을 노래로 달래는 것들이었습니다. 평상시에는 이런 외로움이 큰 문제가 되지 않더라도 삶의 무게에 지치는 때가 오면 사는 것이 힘들게 느껴지기도 합니다.

  이 세상을 살면서 느끼는 것은 제 자신이 참으로 약하다는 것입니다. 남들이 보기에는 제 의지가 강한 것 같지만, 저는 약해서 결심한 것을 잘 행하지 못합니다. 걱정이 하나 생기면, 그 염려와 걱정 때문에 잠도 설치고, 마음도 불편해 집니다.

  저만 그런가요?

강한 척을 할 수는 있어도 진정으로 강한 사람은 없다고 생각합니다. 누구나 나이가 드는 것을 두려워하고, 병이나 죽음을 피할 수는 없지 않습니까? 저는 제 자신의 연약함을 인정할 수 밖에 없었습니다. 그러한 저에게 하나님에 대한 믿음은 큰 소망입니다. 나에게 가장 좋은 것을 주시기 위해서 나를 도우시길 원하시는 하나님이 계시고, 그 분을 의지할 수 있다는 것은 큰 복입니다.

## 3. 하나님의 형상대로 창조되었다

이 세상은 갈수록 더 험악해져 가는 것 같습니다. 매스컴을 통해서 듣는 소식에는 좋은 것보다 나쁜 것이 압도적으로 많고 이제는 익숙해 져서 더 이상 뉴스거리가 아닌 악한 일도 계속 벌어지고 있습니다. 분명 악한 일을 저지르는 사람들이 많아진다는 것을 의미할 터인데, 과연 악한 일을 하는 것을 진정 좋아하는 사람들이 있을까요?

어려서부터 악하게 살기로 작정하고 태어난 사람이 있을까요?

저는 그렇지 않다고 믿습니다. 물론 우리 본성에는 악을 행하기 쉬운 면도 있지만, 아울러 우리에게는 양심이 있지 않습니까? 그래서 저는 성선설, 성악설 중에서 어느 한 편을 들지 않습니다. 사람들은 잘못을 저지르면 양심의 가책을 받습니다. 다른 사람은 속일 수 있어도 이 양심을 속이지는 못합니다. 양심이 있기 때문에 우리는 사람에게 소망을 가질 수 있습니다. 악한 일을 한 사람도 돌이켜 선하게 살 수 있는 가능성을 '양심'에서 찾을 수 있기 때문입니다.

하바드 대학의 마이클 샌델 교수가 쓴 "정의란 무엇인가?"라는 책과 그 교수의 강연이 우리나라에 소개되어 큰 화제를 불러 일으켰습니다. 무엇이 옳고 그른지를 어떻게 판단할 것인가에 대한 다양한 철학적 관점들이 소개되었는데, 한가지 중요한 질문은 과연 모든 사람들이 동의하는 절대적인 '선'이 존재할 것인가에 관한 것이었습니다. 만약 그런 선이 존재한다면, 무엇이 정의로운지에 대하여 모든 사람이 인정하는 기준이 있을 것이기 때문입니다.

정의에 대한 개념이 시대에 따라 바뀌는 것으로 미루어 많은 사람들이 그런 선의 존재를 부인하는 것은 놀라운 일은 아닙니다. 그러나 우리에게 있는 양심은 어느 정도, 절대 선에 대한 개념이 존재할 수 있다는 것을 암시한다면 지나친 말일까요?

저는 창조에 대한 성경의 기록을 통해서 새로운 이해를 갖게 되었습니다. 그것은 모든 사람 안에 있는 공통적인 속성, 즉 '하나님의 형상'에 관한 것입니다. 성경은 하나님이 창조를 하실 때에 사람을 "자신의 형상"대로 만드셨다고 기록하고 있습니다.

"하나님이 당신의 형상대로 사람을 창조하셨으니, 곧 하나님의 형상대로 사람을 창조하셨다. 하나님이 그들을 남자와 여자로 창조하셨다."(창세기 1장 27절)

여기서 형상이라는 단어를 어떻게 이해할 수 있을까요?

### •영적인 존재로 창조됨

먼저 이 말은 사람을 다른 생명체, 즉 식물과 동물과는 다른 존재로 창조하셨다는 것을 의미합니다. 다른 피조물들은 하나님의 형상을 가지고 있지 않기 때문입니다. 사람이 다른 동물과는 다르게 창조되었다는 것이 과학과 기독교가 갈등하는 주제입니다. 과학은 인류의 기원을 진화로 설명하려고 합니다. 그런데 진화가 사실이라면 사람과 다른 동물들은 존재의 근원에서 차이가 없어집니다.

진화에 대하여 과학계와 종교계가 많은 논생을 벌이고 있으며 그에 대한 자료는 방대하지만 이를 다루는 것은 이 책의 목적에 부합하지 않기 때문에 여기서는 다음 사실만 간단히 요약하는 것으로 넘어가려고 합니다. 진화 이론은 하나의 가설이지 진리가 아닙니다. 창조를 과학적인 방법으로 검증할 수가 없기 때문에 창조는 과학책에서 다룰 수가 없습니다.

그러나 진화는 과학적인 방법론에 의하여 검증을 할 여지가 있으므로 과학책에서 다룰 수 있습니다. 그 결과 학교에서는 과학의 범주를 벗어나는 창조에 대하여는 들을 기회가 없고, 진화론 밖에 배울 수 없어서 학생들은 자연스럽게 진화에 대한 "믿음"을 갖게 됩니다. 그러나 종 내부에서의 진화와 달리, 종 간의 진화는 근거가 충분하지 않고 과학적으로 검증되지도 않은 이론입니다. 따라서 검증되지 않은 이론을 믿지 못하는 것이 오히려 과학적인 태도일 것입니다.

반면에 창조를 믿으면 사람의 존귀함에 대하여도 분명한 근거를 가지게 됩니다. 즉 하나님의 형상대로 지음을 받았다는 것이 바로 사람을 다른 생명체와 구별되게 합니다. 이 표현의 첫째 의미는 사람이 하나님과 인격적으로 통할 수 있도록 하셨다는 것입니다. 하나님께서는 피조물인 인간과 대화를 하시고 교제하기를 원하셨다고 성경은 기록합니다. 인격적인 하나님은 우리가 사는 이 3차원의 세상에 속한 분이 아니기 때문에 하나님은 '영적인 세계'에 존재하십니다.

그리고 성경에서는 "하나님은 영이시다"(요한복음 4장 24절)라고 말씀합니다. 따라서 하나님의 형상대로 지음을 받았다는 의미는 인간이 다른 생물과 달리 영적인 존재라는 의미입니다. 그래서 영적인 존재인 하나님과 통할 수 있는 가능성이 있습니다.

많은 사람들이 영적인 세계가 있다고 생각합니다. 실제로 무당이나 점쟁이들 중에는 자신의 의지와 관계없이 영적인 힘을 빌어서 특별한 능력을 발휘하는 사람들이 있습니다. 또한 귀신이 들린 사람에 대한 이야기를 들을 수 있고 어떤 케이블 TV에서는 영적인 체험을 하는 사람들의 이야기를 방영하기도 합니다.

영적인 세계는 우리가 사는 세상의 차원을 넘어서는 세계이기 때문에 과학으로는 설명을 할 수 없으며 따라서 과학적 사고 방식에 익숙한 일반 사람들에게 있어서 영적인 세계는 쉽게 경험되는 것이 아닙니다. 성경에는 이렇게 말씀합니다.

"자연에 속한 사람은 하나님의 영에 속한 일들을 받아들이지 않습니다. 그런 사람에게는 이런 일들이 어리석은 일이요, 그런 사람은 이런 일들을 이해할 수 없습니다. 그것은 이런 일들이 영적으로만 분별되기 때문입니다."(고린도전서 2장 14절)

그래서 창조주 하나님을 믿는다는 것은 우리가 영적인 존재임을 받아들이는 것입니다. 그리고 영을 통하여 하나님과 교제하는 법을 배우기 시작하는 것을 의미합니다. 사람은 몸과 혼과 영으로 구성되어 있다고 성경은 기록합니다. 창세기 2장에서 사람의 창조 과정을 설명하면서 이렇게 기록합니다.

"주 하나님이 땅의 흙으로 사람을 지으시고, 그의 코에 생명의 기운을 불어넣으시니, 사람이 생명체가 되었다."(창세기 2장 7절)

사람이 흙으로 만들어졌다고 하는 것은 사람의 육신을 구성하는 성분이 흙과 같다는 것을 의미합니다. 그래서 사람의 육신은 죽어서 흙으로 돌아갑니다. 그러나 사람의 육신이 사람의 존재를 다 설명하는 것은 아닙니다. 다른 생물들도 다 죽어서 흙으로 돌아갑니다. 그런 면에서 사람은 자연의 일부에 속해서 삽니다.

사람의 혼은 사람의 인격을 나타내는 지(지식),정(감정),의(의지)를 의미합니다. 수준의 차이가 있지만 다른 동물들도 혼이 존재합니다. 동물들도 감정이 있고, 낮은 IQ 이지만 지적인 부분도 있고, 의지를 발휘하기도 합니다. 그런 의미에서 혼도 사람과 동물들의 근본적인 차이를 주지는 않습니다. 사람을 다른 동물과 구별하는 것은 '영' 입니다. 하나님이 특별하게 부어주신 생명의 기운을 '영'이라고 합니다.

하나님이 사람을 창조하신 이유가 무엇일까요?
성경에는 계명이라는 것이 있습니다. 하나님이 사람들에게 바라는 것을 계명으로 사람들에게 알려주셨습니다. 성경에 많은 계명들이 있는 것처럼 보이지만, 핵심은 다음과 같이 요약할 수 있다고 합니다. "선생님,

율법 가운데 어느 계명이 중요합니까?"

예수께서 그에게 말씀하셨다.

"네 마음을 다하고 네 목숨을 다하고, 네 뜻을 다하여, 주 너의 하나님을 사랑하여라 하셨으니, 이것이 가장 중요하고, 으뜸가는 계명이다. 둘째 계명도 이것과 같은데 '네 이웃을 네 몸 같이 사랑하여라' 한 것이다. 이 두 계명에 모든 율법과 예언자들의 본 뜻이 달려 있다." (마태복음 22장 35-40절)

이 말씀에 의하면 하나님이 우리에게 원하시는 것은 '사랑하는 것'입니다. 그런데 그 사랑의 대상이 첫째가 바로 하나님 당신이십니다. 하나님이 우리에게 가장 원하시는 것은 하나님을 사랑하는 것입니다. 그러므로 사랑의 교제를 위해서 사람을 창조하셨다고 믿을 수 있습니다.

교제는 비슷한 수준의 상대끼리 이루어집니다. 사람이 벌레와 교제를 할 수는 없습니다. 무언가 통하는 것이 있어야 교제할 수 있습니다. 그래서 하나님은 사람에게 하나님의 형상을 주셔서 하나님과 '거의' 동등한 수준으로 만들어 주셨습니다. 창조주와 피조물의 차이가 있기 때문에 동등할 수는 없으나 그에 근사한 수준으로 만들어 주셨다는 의미입니다. 이것이 사람들이 얼마나 존귀한 존재인지를 설명하는 또 하나의 이유입니다.

### •자유로운 존재로 창조하심

하나님이 인간과 사랑의 교제를 원하셨다는 것을 받아들이면 하나님이 왜 인간에게 자유의지를 주셨는지를 이해할 수 있습니다. 하나님은 자유로우신 분이십니다. 그래서 인간이 자신의 의지로 하나님과의 교제를 선택할 수 있는 자유를 주셨습니다.

우리가 컴퓨터 프로그램을 만들어서 전원을 켤 때마다 "주인님, 당신을 사랑합니다."라고 말하는 아바타를 만들었다고 합시다. 그 아바타와 내가 대화한다거나 교제한다고 표현할 수 없습니다. 그것은 나와 수준이 너무 다르기 때문입니다. 그래서 하나님께서는 사랑의 교제를 위해서 하나님을 선택할 수 있는, 아울러 거부할 수 있는 자유 의지를 가진 존재로 인간을 창조하셨습니다.

하나님은 우리에게 자유를 주셨습니다. 그러므로 어떤 것에도 우리가 속박되는 것을 원치 않으십니다. 그래서 성경에는 이런 말씀이 있습니다.

"그리고 너희는 진리를 알게 될 것이며, 진리가 너희를 자유롭게 할 것이다." (요한복음 8장 32절)

그런데도 많은 사람들은 하나님을 믿으면 속박을 받을 것으로 생각합니다. 신앙생활을 하려면 정해진 시간에 교회에 가서 예배 의식에 참여해야 하고, 헌금도 해야 하고, 이것 저것 간섭도 받고… 언뜻 생각하기에는 자유가 제한을 받는 것 같이 여겨집니다. 그러나 하나님의 우리에 대한 마음은 그렇지 않습니다. 우리가 자원해서 그런 생활을 하길 원하시지, 강요에 의하여 억지로 그런 생활을 하기 원치 않으십니다. 그러므로 하나님을 어떤 분으로 아는가가 무엇보다 중요합니다.

혹시 다른 종교의 신들과 같이 하나님을 간섭하는 분으로, 우리에게 무엇을 하라고 강요하는 분으로 생각하지는 않습니까? 그러나 제가 성경을 통해서 알게 된 하나님은 그런 분이 아닙니다. 저를 진정 행복하게 만들어 주고 싶어하시고, 저를 돕고 싶어하시는 분이십니다.

• 하나님의 성품이 내재한 존재로 창조하심

또한 교제를 위해서는 하나님과 마음이 통할 수 있어야 합니다. 하나님이 하시는 말씀이 무슨 말인지를 우리가 알아들을 수 있어야 합니다. 하나님이 좋아하는 것을 우리가 좋아하고, 하나님이 옳다고 여기시는 것을 우리가 옳다고 생각할 때, 진정한 교제가 이루어집니다.

만약 하나님과 우리가 서로 통하지 않는다면 어떻게 교제를 할 수 있을까요? 그래서 우리가 하나님의 성품을 가질 수 있도록 우리를 창조하셨습니다. 우리에게 있는 '양심'을 살펴보면 그 의미를 어느 정도 이해할 수 있습니다. 우리는 양심이 어떻게 동작하는지 잘 알지 못합니다. 하지만, 우리가 옳지 않는 일을 할 때에는 양심의 가책을 받습니다.

하나님이 옳다고 하시는 것을 우리가 들으면 우리도 옳다는 것에 동의하게 됩니다. 하나님이 옳지 않다고 하시는 것을 들으면 우리도 그에 공감하게 됩니다.

제가 성경을 읽으면서 놀랍게 여긴 것이 이것입니다. 성경에서 말씀하는 것과 제가 세상에서 배운 것이 다를 때에 제 양심은 세상에서 배운 내용보다 성경의 말씀에 더 수긍하게 된다는 것입니다.

예수님이 가르치신 내용들도 그러하였습니다.

예를 들어볼까요?

"원수를 사랑하라"는 성경의 가르침이 있습니다.

그 말씀을 처음 들었을 때, 그것은 말도 안 되는 나쁜 일이라고 느꼈습니까?

세상의 어떤 법도 "원수를 사랑하는 것이 옳다"라고 말하지 않습니다. 오히려 원수 갚는 것은 정당한 일이며 부모의 원수, 조국의 원수는 당연히 갚아야 한다고 가르칩니다. 그런데, 어찌된 일인지 우리는 원수를 사랑하는 것이 선한 일이라고 생각합니다.

비록 우리가 실천하지 못하지만, 이 계명은 옳고 선한 것이라고 생각합니다.

이런 모습을 어떻게 설명할 수 있을까요?

성경에서는 이렇게 설명합니다. 사랑을 무엇보다 중요시 여기시는 하나님의 성품이 우리에게도 있기 때문입니다.

우리의 판단 기준은 매우 높습니다. 의로움에 대한 기준도 높아서, 왠만한 사람은 의롭다고 여기지 않습니다. 솔직하게 말해서 자신을 의로운 사람이라고 스스로 평가할 수 있는 사람이 있을까요?

조금만 흠이 있어도 그 사람의 흠집을 내는 것을 좋아하는 습성이 우리에게 있습니다. 이것은 나쁜 쪽으로 적용이 된 예이지만, 우리가 의로움을 기대하는 수준은 매우 높습니다. 왜냐하면 하나님은 완전히 의로우신 분이시기 때문에 그분의 형상이 우리에게 있는 한, 완전한 의로움에 도달하기 전에는 의롭다고 여길 수 없기 때문입니다.

사람은 만족할 줄 모른다고 합니다. 아무리 좋은 환경에 있어도 조금 지나면 싫증을 냅니다. 감사할 줄도 모른다고 합니다.

왜 그럴까요?

그것은 우리가 만족하는 수준이 높기 때문입니다. 사람이 만족할 만한 수준은 바로 하나님이 창조하신 에덴동산입니다. 그런데 세상이 타락을 해서 에덴동산으로부터 멀어진 다음에는 에덴동산을 그리는 마음이 누구에게나 있습니다. 문학가나 예술가들은 에덴동산을 이상향, 유토피아로 묘사합니다.

성경적으로 이야기를 하자면 그곳에 가기 까지는 사람은 만족하지 못할 것입니다. 이것은 우리가 가지고 있는 아름다움과 기쁨의 수준이 하나님의 수준이기 때문입니다. 하나님의 형상을 가진 우리는 시시한 것으로 결코 만족하지 못합니다.

어떤 사람이 이런 질문을 하였습니다.

"사람은 금새 싫증을 내는데, 천국에 가도 곧 싫증을 내지 않을까요?"

성경은 이렇게 대답을 합니다.

사람이 금새 싫증을 내는 이유는 그 상황이 에덴동산처럼 완전히 좋지 않기 때문입니다. 만약 에덴동산에서 산다면 사람은 싫증을 전혀 내지 않을 것입니다.

하나님은 우리가 공동체에 속하는 것을 원하도록 만드셨습니다. 성경에는 아담을 창조하신 하나님께서 아담이 혼자 외롭게 있는 것을 '좋지 않게' 여기시고 돕는 베필로 하와를 만들어 주셨다고 기록합니다. 아담은 하와를 만나고서 너무 좋아했고, 남녀 둘이 만나서 하나를 이루는 '결혼' 제도의 첫 수혜자가 되었습니다.

사람들은 자라면서 자신을 이해해 줄 수 있는 사람을 찾지 못해서 외로움에 익숙해지지만, 그 내면에는 자신을 조건없이 사랑해 주는 사람에 대한 갈망이 있습니다. 사랑을 받고 싶어하는 마음, 그것은 하나님의 마음이고 우리에게 주신 마음입니다.

그 밖에 창조주 하나님은 우리에게 창조할 수 있는 능력도 주셨습니다. 음악과 미술 등의 예술, 공연, 문학 활동 등은 우리에게 주신 창조력을 발휘하는 기회를 제공합니다. 그러므로 우리가 가진 재능을 다 발휘하는 것도 좋은 일입니다. 과학을 발전시켜서 하나님이 창조하신 자연의 질서를 탐구하는 것도 선한 일이라고 믿습니다. 기술을 발전시켜서 사람의 편이를 도모하는 것도 나쁜 일이 아닙니다.

우리가 그러한 창조력과 지혜를 발휘하는 것이 우리의 교만을 키우지만 않는다면, 하나님 안에서 우리는 자신의 재능을 최대한 발휘할 이유가 있습니다.

우리가 생각할 때에 좋은 것, 아름다운 것, 선한 것들은 창조주가 우리에게 주신 선물입니다. 하나님과 영으로 교제하게 되면, 하나님의 성품이 우리에게 나타나게 된다고 합니다. 하나님은 진정으로 우리를 사랑해 주시는 분이시기 때문에 그 사랑 가운데서 자존감을 회복하고, 선한 양심을 회복하고 창조적인 능력도 발휘하며 살 수 있습니다.

하나님의 형상대로 지음을 받은 존재로 제 자신을 이해한 다음에, 저는 제 자신과 사람에 대한 긍정적인 시각을 가지게 되었습니다. 각 사람이 하나님의 형상대로 살 수 있다면 얼마나 좋을까요?

## 4. 하나님의 나라

 창조 사건에 대한 성경의 기록에서 논란의 소지가 있는 것이 있다면 에덴동산에서 하나님이 주신 소위 '선악과의 계명'일 것입니다.
 "주 하나님이 사람에게 명하셨다. 동산에 있는 모든 나무의 열매는, 네가 먹고 싶은 대로 먹어라. 그러나 선과 악을 알게 하는 나무의 열매만은 먹어서는 안 된다. 그것을 먹는 날에는, 너는 반드시 죽는다."(창세기 2장 16-17절)
 하나님이 사람을 그렇게 위하셔서 좋은 것을 주기 원하시고, 행복을 주길 원하신다면 왜 이런 계명으로 올무에 빠뜨리셨는가?
 사람으로 하여금 죄를 짓지 않도록 창조하시면 되지 않는가?
 이런 질문을 종종 받곤 합니다.
 이에 대한 답의 일부로 하나님이 사람에게 자유 의지를 주신 이유를 앞에서 설명하였습니다. 그러나 자유 의지 만으로는 충분히 설명이 되지 않습니다.

저도 처음에는 이 계명의 의미를 잘 알지 못하였습니다. 단지 창조주 하나님을 순종하는지 그렇지 않은지를 하나님이 테스트하기 위한 것이라는 주먹구구식의 이해를 하고 있었습니다. 그러다가 이 계명이 에덴동산에 있어서 필수적이라는 것을 깨닫게 되었습니다.
이렇게 생각해 보지요.
사람들은 제각각 다른 기질과 성격을 가지고 있고, 창조력을 발휘하며, 자유롭게 사고하도록 창조되었습니다. 그리고 우리가 바라는 세상은 평화롭고 모두가 서로 사랑하는 세상입니다. 그런데, 만약 두 사람이 서로 갈등을 일으키는 경우에는 어떻게 하면 좋겠습니까?
TV에서 방영하는 토론 프로그램을 보면서 가끔 이런 경험을 합니다. 양쪽의 주장이 다 일리가 있어서, 한 쪽의 말을 들으면 그 말이 맞는 것 같고, 반대쪽의 말을 들으면 그 말이 맞는 것 같이 여겨집니다. 어느 한쪽이 일방적으로 틀렸다라고 할 수 없는 그런 논쟁이 종종 벌어집니다. 사람들 사이에서 벌어지는 갈등의 많은 경우는 이러한 성격의 것입니다. 자기 주장에 확신을 가지고 있으면 갈등을 해소하기가 어렵습니다. 사람들 사이에 있는 갈등을 우리 사회는 어떻게 해결하고 있나요?

 사람들이 이러한 갈등을 해결하는 방법으로 만든 제도가 사법 제도입니다. 갈등을 일으키는 두 상대가 충분히 변론하도록 기회를 주고, 재판관이 변론의 내용과 과거의 판례, 사회가 동의한 법의 잣대를 가지고 시시비비를 가립니다.
 양측이 이러한 재판의 결과에 순복하면 최소한 법적으로는 갈등을 평화롭게 해결하게 됩니다. 사법부가 권위를 잃어버려서, 어느 한쪽이 불복하는 일이 발생한다면, 그 사회는 갈등을 해결하는 시스템을 잃어버리는 것입니다. 그럴 때 사회는 매우 불안해 질 수 밖에 없습니다.

사실 우리나라가 오늘 이런 모습이 아닌가 생각이 되어 안타깝습니다. 사법부의 권위가 다시 세워지길 바랍니다. 자기 뜻대로 할 수 있는 '자유'와 서로 다른 뜻을 가진 사람들 간의 갈등이 충돌로 이어지지 않고 '평화'를 누릴 수 있도록 하기 위해서 꼭 필요한 제도가 사법제도입니다.

 자유를 누리는 사람들이 서로의 생각과 입장이 달라서 생겨나는 갈등이 없을 수가 없습니다. 이는 에덴동산에서도 마찬가지일 것입니다. 그럴 때 어떻게 하면 평화롭게 갈등을 해결할 수 있을까요?

 하나님이 주신 계명은 바로 이에 관한 것입니다. 즉, 무엇이 옳고 그른지에 대한 판단은 하나님이 하시겠다는 것입니다. 반면에 선과 악을 알게 하는 나무의 열매를 먹는다는 것은 내 스스로가 옳고 그름을 판단하겠다는 것을 의미합니다.

 우리가 선과 악에 대한 지식은 가질 수 있습니다. 무엇이 옳고, 무엇이 그른지에 대한 지식은 학습을 통해서 알고 있어야 합니다. 그래야 악을 피하고 선을 행할 수 있기 때문입니다. 그러나 무엇이 옳고 그른지를 판단하는 권위를 우리가 가지지 말라고 성경은 이야기합니다.

오직 창조주 하나님만이 무엇이 옳고 그른지를 최종적으로 결정하는 권위를 가지고 계십니다. 저는 이것이 진정 소망스러운 이야기라고 생각합니다. 사람은 편견을 가질 수 있고, 믿을 수 없지만 하나님은 사람과 달리 완전히 공의롭게 판단하실 것이기 때문입니다.

안타깝게도 이 세상의 법은 얼마나 불공정한지 모릅니다. 우리가 사는 오늘날, 돈이 있는 사람, 힘이 있는 사람들이 법을 만드는 주체가 되어 자신들을 은근히 보호하는 면이 있음을 부인할 수 없습니다.

'유전무죄, 무전유죄'라는 탄식의 말을 얼마나 많이 듣게 됩니까? 가진 것이 없고, 힘이 없는 사람들은 조그만 잘못에도 큰 벌을 받고, 힘이 있는 사람들은 큰 잘못에도 벌을 별로 받지 않습니다.

이것이 우리가 사는 세상의 모습입니다. 어느 시대건 사람들끼리 갈등을 해결하라고 하면, 분명히 힘이 센 사람들의 의도대로 갈등이 봉합될 것입니다. 힘이 약한 사람들은 손해를 볼 수 밖에 없습니다.

　에덴동산을 '하나님의 나라'에 대한 표상이라고 합니다. 하나님의 나라는 어떤 지리적인 개념이 아니라, 하나님이 통치권을 가지고 계신 나라를 의미합니다. 천국이란 바로 하나님의 나라의 다른 이름입니다. 그러므로 천국에 간다는 것은 어떤 지리적으로 떨어진 곳에 가는 것이 아니라, 하나님이 통치하시는 나라에 간다는 의미입니다. 모든 사람들이 하나님의 권위를 인정하면 우리 사는 세상도 하나님의 나라, 즉 에덴동산이 될 수 있다는 소망을 저는 가지고 있습니다.

　하나님은 공의의 하나님이십니다. 그러므로 악을 벌하실 수 밖에 없습니다. 만약 악에 대한 심판이 없다면 사람들은 악을 행하는 것을 두려워하지 않을 것입니다. 그러면 악의 결과로 피해를 보는 사람들은 어떻게 위로를 받을 수 있겠습니까?

그래서 성경은 하나님의 권위를 인정하지 않고, 악한 일을 하는 사람을 하나님이 심판하신다고 말씀합니다. 심판이 있기 때문에 악한 일을 하는 사람에게 하나님은 두려우신 분입니다. 그러나 그 권위를 인정하는 사람들에게 하나님은 한없이 자비로우신 분이십니다.

사법부가 사회 질서와 안전의 보루 역할을 하듯이 하나님의 공의로운 심판은 에덴동산의 보루입니다. 하나님께서 공의로 다스리시면 우리는 모두가 행복해질 것입니다. 힘있는 사람이 약한 사람들의 희생 위에 자신의 쾌락을 쌓아가는 것과는 질적으로 전혀 다른, 서로가 아끼고 사랑하는 그런 사회가 이루어질 것입니다.

저는 믿음을 가지고 난 뒤에 제가 속한 공동체에 대하여 소망을 갖게 되었습니다. 사람들이 하나님을 믿고 하나님의 공의로우신 말씀에 순종하게 되면, 서로를 위하는 마음으로 평화와 기쁨을 추구하는 공동체가 될 것입니다. 그런 세상이 되면 얼마나 좋을까요?

## 5. 영원한 생명

선악을 알게 하는 나무와 같이 에덴동산의 중앙에는 생명나무가 있었다고 성경은 기록합니다. 생명나무의 열매를 먹으면 죽지 않는다고 성경은 해석합니다. 이것은 우리의 생명에 대하여 새로운 관점을 갖게 해줍니다.

죽음은 모든 사람들이 피할 수 없이 겪게 되는 한계 상황입니다. 누구나 죽음을 두려워합니다. 저도 중학교 시절 처음으로 죽음에 대한 두려움을 갑자기 느낀 기억이 있습니다. 만약 백만년이 지나서 다시 깨어날 수 있다고 한다면, 죽을 수 있을 것 같았습니다. 그런데, 죽음은 영원히 깨어나지 못하는 것이 아닙니까? '영원'이라는 개념이 두렵게 다가왔습니다.

성경은 원래 사람은 죽지 않을 수 있는 존재로 하나님이 창조하셨다고 기록하고 있습니다. 생명나무의 열매를 먹으면 죽지 않을 수 있었습니다. 창조주이신 하나님의 권위를 인정하고, 하나님과 교제를 하면, 생명의 창조자이신 하나님께서 영원히 살 수 있도록 의도하신 것입니다.

그런데 아담과 하와가 선악과를 먹었고, 그에 대한 벌로 하나님께서는 아담과 하와가 생명나무의 열매를 먹지 못하도록 하셨습니다. 화풀이로 그렇게 하신 것이 아닌 것 같습니다. 하나님이 죽음을 주신 이유는 사람이 한없이 교만해질 수 없도록 하신 것입니다. 사람들이 선과 악의 기준이 되시는 하나님을 인정하지 않고, 마음대로 살다가도 죽음을 직면하게 되면 생명의 주관자가 되시는 하나님을 인정하지 않을 수 없도록 하신 것입니다.

창조주는 죽음을 통하여 사람이 약한 존재임을 깨닫게 하셨습니다. 사실 죽음의 문제를 어떻게든 극복해 보고자 사람들은 여러 종교를 만들게 되었다고 배우지 않았던가요?

  죽음의 문제가 없다면 종교심을 사람이 갖지 않았을 것입니다. 사람들에게 종교심이 있는 것이 바로 하나님의 의도하신 것이라 하겠습니다.

  만약 사람들이 하나님을 다시 인정하면 생명의 창조자이신 하나님께서는 영원한 생명을 주신다고 약속하십니다. 그래서 성경에서는 하나님을 믿는 사람에게 주는 가장 큰 복이 바로 '영생'이라고 말합니다.

  육신의 생명은 죽어도 하나님께서는 믿는 사람들에게 새로운 생명을 주신다고 하십니다. 그리고 그 사실을 우리에게 확증시켜 주시기 위해서 예수님을 죽은 지 3일 만에 부활하도록 하셨습니다. 예수님의 부활이 역사적인 사실이라면, 사람이 죽음을 극복할 수 있다는 성경의 말씀을 믿을 수 있습니다. 비록 우리 자신이 경험을 해 보지 않아서, 그리고 과학으로 설명이 되지 않기 때문에 그런 믿음을 갖는 것이 쉽지는 않겠지만 말입니다.

그러나 이렇게 생각해 볼 수 있지 않을까요?

생명을 창조하신 분이 하나님이시라면, 죽은 사람을 살리시거나, 영원한 생명을 주신다고 하는 것이 어려운 일은 아닐 것입니다. 창조주 하나님을 믿게 되면, 정말 많은 것을 우리가 받아들일 수 있는 마음의 문을 활짝 열게 되는 것입니다. 그 중의 하나가 죽음에 대한 새로운 이해입니다.

성경에서는 육신의 죽음을 '자는 것'이라고 표현합니다. 몸이 피곤하면 자는 것 외에는 별 다른 방법이 없습니다. 음식을 먹어도, 링겔을 맞아도 기력이 회복되지 않습니다. 그러나 자고 일어나면 개운해 지는 것을 알기 때문에 우리는 몸이 피곤하면 자고 싶어집니다. 죽음이 자는 것과 같다면, 죽은 뒤 다시 개운하게 새로운 생명을 갖고 일어난다면, 정말 기꺼이 죽음을 맞이할 수 있을 것 같습니다. 그래서 이런 믿음을 가진 사람들은 하나님을 증거하기 위하여 순교할 수 있습니다.

육신의 생명이 끝이라고 생각하기 때문에 사람들은 자기가 살아있는 동안 자신만을 위하여 살려고 애씁니다. 죽음이 끝이라면 자신의 쾌락을 위해 막 사는 것을 누가 틀렸다고 하겠습니까?

예를 들어 어떤 사람이 다른 사람에게 피해를 주지 않을 터이니, 나는 짧은 생을 살더라도, 마약을 하며 쾌락가운데 살겠다고 결정을 했다고 합시다. 누가 그 사람이 틀렸다고 할 수 있을까요?

그러나 성경은 육신의 죽음이 끝이 아니라고 이야기합니다. 우리가 죽기 전에 어떻게 살았는가가 죽음 이후의 삶을 결정한다고 합니다. 이는 우리가 어떻게 살았는지에 대하여 우리 스스로 책임을 질 수 있어야 한다는 것을 의미합니다. 죽는 것이 자는 것과 같음을 믿는다면, 이 세상에서 육신을 가지고 사는 것이 끝이 아니기 때문에 우리는 죽음을 초월하며 살 수 있습니다. 생명을 구걸하면서 악과 타협하며 살 수 밖에 없는 속물이 되지 않을 용기가 생기게 됩니다.

죽음을 경험해 보지 않았고, 여전히 건강하게 살고 있는 저는 여전히 죽음에 대한 막연한 두려움이 있는 것도 사실입니다. 그러나 제가 하나님을 믿는 믿음이 자라날수록, 죽음에 대한 두려움에서 점차 자유롭게 되고 있음을 느낍니다.

　죽음을 피하기 위해서 온갖 애를 쓴 진시황도 요즈음으로 말하면 젊은 나이인 50세에 세상을 떠났습니다. 아무리 돈이 많아도, 권력을 가져도, 죽음에 대한 두려움에서 벗어날 수 없습니다. 그러나 하나님을 믿음으로 죽음에 대한 두려움에서 벗어날 수 있다면, 우리는 다르게 살 수 있습니다. 얼마나 소망스러운 메시지입니까?

# 3
# 세상을 어떻게 이해할 수 있는가?

우리가 처한 현실의 모습은 아무리 바라보아도 소망스럽지 않습니다. 그런데 어떻게 소망을 가질 수 있습니까? 성경은 반전의 실마리를 우리에게 알려줍니다. 그것은 현실을 바라보는 관점을 바꾸는 것입니다.

사람마다 다 행복하게 살고 싶고, 어떻게 하면 행복하게 될 지에 대하여 공감할 수 있는 부분이 많이 있음에도 불구하고, 우리가 사는 세상은 왜 이리 험할까요?

제가 대학 생활을 한 80년대 초기에 우리 사회는 무척 혼란스러웠습니다. 저는 광주 사태가 일어난 다음 해에 대학에 진학하였습니다. 그 당시는 언론의 통제가 심해서 대학에 들어오기 전까지는 그런 일이 왜 일어났는지, 그리고 얼마나 심각했는지에 대하여 전혀 알지 못하였습니다. 고등학교 때 까지 학업에만 몰두하였기 때문에 세상 돌아가는 일에는 거의 관심이 없었고 잘 알 수 있는 기회도 없었습니다.

그러다가 대학에 들어와서 알게 된 세상은 제가 막연히 생각했던 세상과 전혀 달랐습니다. 좋은 환경에서 자라면서 평온하게 살아온 저는 다른 사람들도 다 그렇게 살 것이라고 생각을 했습니다. 그런 생각이 우물 안 개구리 생각과 같았다는 것을 깨닫는 데는 그리 오래 걸리지 않았습니다.

혼란스러웠습니다. 학교에서 배운 것이 틀렸을 것이라고 생각하지 않았었는데, 왜곡된 부분이 꽤 있다는 것을 알게 되었습니다. 그 당시 판금이 되었던 서적들을 읽으며 감추어진 역사의 새로운 모습들을 접하게 되었습니다.

예를 들어 베트남 선생이 왜 일어났으며 그 결과가

무엇을 의미하는 지에 대하여 바로 이해할 수 있었습니다.

세계 열강들이 어떻게 국익을 추구하고 있는지에 대하여도 눈을 뜨게 되었습니다.

우리나라에 아직 제대로 된 민주주의가 실현되지 못하고 있다는 것도 알았습니다.

사회에 대한 불만이 쌓여가면서 자연스럽게 데모에도 참여하게 되었습니다. 데모는 비판적인 의견을 제대로 수용하지 못하는 시대에 의견을 표출하는 유력한 통로로 여겼습니다. 사실 최류탄 가스의 냄새를 맡고, 전투 경찰들의 추격을 피해 도망가는 것은 결코 유쾌한 일은 아니었지만 정의의 실현을 위해 고민하는 청년들의 특권이자 의무로 여겼습니다.

그러나 저는 미래를 걸고 치열하게 운동을 하는 그런 부류는 결코 아니었습니다. 데모에 대한 정부의 대응이 강경해지면서 데모는 과격한 양상을 띠게 되었고, 저는 데모에 참가하는 것을 그만 두었습니다. 일차적인 이유는 겁이 나서였지만, 또 하나의 중요한 이유는 제 자신이 확신이 없었기 때문입니다.

　마르크스가 예상한 이상적인 공산 사회를 사람들이 이룰 수 있을 것이라고 생각이 되지 않았습니다. 사람들이 능력이 되는 만큼 일을 하고, 필요한 만큼만 소득을 취하는 그런 일에 결코 동의할 것 같지 않았기 때문입니다. 사람은 손해보는 것을 싫어하지 않습니까? 대접을 받는 만큼 일을 하려고 하지, 그 이상 남을 위해서 일하려고 하지 않습니다.

　산술적인 평등은 독재의 방법으로만 가능하다고 판단을 했습니다. 사람이 원치 않는 것을 강제하기 위해서는 억지로 그 제도를 실현해야 하고, 그래서 어쩔 수 없이 공산주의를 표방하는 나라들은 다 독재에 빠지게 됩니다. 아울러 사람들은 일하기를 싫어하게 되고, 생산성은 떨어지고 국가 경쟁력은 낙후될 수 밖에 없습니다. 그 당시는 아직 소련이 망하기 전이었고, 냉전이 계속되는 시대였지만, 저는 공산주의에 어떠한 소망도 가질 수가 없었습니다.

데모를 하지 않아도 사회에 대한, 사람들에 대한 고민은 계속 가지고 있었습니다.

'사회는 왜 도덕, 윤리 시간에 배운 가치를 실현하지 못하는 것일까? 사람들은 왜 이렇게 이기적인가? 더 나은 사회를 위한 대안은 무엇일까?'

이런 고민을 하면서도 저는 자연스럽게 이 세상을 살아가는 법도 아울러 배우고 있었습니다. 사실 저는 부족한 것이 없었기 때문에 이런 세상에서도 잘 살 수 있었습니다. 그래서 고민하지 않고, 자신의 쾌락과 유익만을 구하는 그런 삶을 사는데 익숙해지기 시작하였습니다.

제가 성경을 읽기 시작하였을 즈음에는 그런 고민을 하고 있었던 것조차 잊어버리고 있을 때였습니다. 그리고 성경을 통해서 이런 고민들에 대한 답을 얻을 수 있으리라고는 생각도 하지 않았습니다. 그런데 성경을 읽으며 제가 답을 얻기를 포기하였던 문제들에 대한 답을 발견하였습니다. 너무 놀라웠습니다.

## 1. 사회에 대한 이해

사회를 움직이는 기본 원칙은 무엇입니까?

에덴동산은 하나님이 창조하신 태초의 사회였습니다. 앞에서도 이야기한 바와 같이 에덴동산은 하나님이 선과 악의 기준이 되신다고 하는 원칙에 의하여 움직이는 사회입니다. 그 원칙을 준수하기만 하면 사람들은 자유로우면서도 평화롭게 잘 살 수 있습니다.

그런데 첫 인류 아담과 하와가 선과 악을 아는 나무의 열매를 먹었다고 성경은 기록합니다. 이것이 역사의 방향을 완전히 바꾼 엄청난 사건이 되었습니다. 이 사건은 사람들이 하나님의 권위에 순종하기보다 자신들의 판단을 따라 행동하기 시작했다는 것을 의미합니다.

원래 선과 악은 하나님이 정하셔야 하는데, 사람들이 선과 악을 자기 나름대로 정의하기 시작하였습니다. 이것을 성경에서는 '하나님과 같이 되고자 하는 마음'을 사람들이 갖게 되었다고 설명합니다. 하나님과 같이 되고자 하는 마음. 즉 자신을 높이고자 하는 마음이 교만한 마음의 실체입니다. 하나님을 무시하면, 사람들은 자신을 높이고자 하는 욕망에 사로잡히게 됩니다.

사람들이 선과 악을 스스로 판단하기 시작하면서 사회에는 큰 문제가 생겼습니다. 두 사람 사이에 갈등이 생겼을 때에 갈등을 해결하는 방법이 필요했습니다.

어떻게 갈등을 해결할 수 있겠습니까?

사람들은 힘으로 갈등을 해결하려고 하였습니다. 힘이 센 사람의 결정을 따를 수 밖에 없었습니다. 힘이 센 사람들의 말을 듣지 않으면 사회에서 살 수가 없게 되었습니다. 그래서 오늘날 사회를 움직이는 원칙은 결국 힘입니다.

원시 사회에서는 육체적인 힘이 중요하였습니다. 힘이 세지 않은 저는 원시 사회에 태어나지 않은 것이 정말 다행입니다. 오늘날 자본주의 사회에서는 돈의 힘이 중요합니다. 그래서 돈이 많은 사람들이 사회를 움직입니다. 하나님을 인정하지 않는 사회에서 사람들은 힘을 키우는 것을 가장 중요하게 여기게 됩니다. 본인이 힘이 별로 없을 때에는 힘이 센 사람의 편에 서는 것이 지혜로운 일입니다. 그래서 파당이 생기게 됩니다. 개인의 힘 보다는 파당의 힘이 더 크기 때문에 자연스럽게 파당이 만들어지고 파당 간에 힘 겨루기가 시작이 됩니다. 간단히 표현하자면 사회는 파당 간의 힘겨루기에 의하여 움직이고 있습니다.

 힘겨루기가 계속 되는 한 이 세상은 결코 평화로울 수 없을 것입니다. 사람들은 자신이, 혹은 자신이 속한 파당이 힘을 잃어버리는 것을 결코 용납하려고 하지 않습니다. 그래서 정의롭지 못한 방법을 사용해서라도 자신의 힘을 키우려고 애쓰고, 다른 세력이 힘을 얻는 것을 견제하고 방해하려고 합니다. 정의보다 힘이 더 우선입니다. 힘을 가진 쪽이 있으면 힘이 없어서 손해를 보는 쪽이 있기 마련입니다. 힘이 없는 소수를 위한 정의를 찾기는 쉽지 않습니다. 힘을 추구하는 한, 이상 사회는 실현될 가능성이 전혀 없습니다.

그러나 저는 하나님을 믿으면서 이상 사회, 즉 에덴동산에 대한 소망을 가지게 되었습니다. 제도가 문제가 아니라 사람이 문제임을 깨달았습니다. 하나님의 권위에 순종하는 사람들이 모인 공동체는 바뀔 것입니다. 하나님은 소수자의 권익을 보호해 주시는 분이십니다. 하나님은 약자의 편에 서 계십니다. 하나님은 당신이 창조하신 모든 사람이 공평하게 행복해 지길 바라시기 때문입니다.

구약 성경에는 BC 1400년 경인 모세 시대에 하나님이 유대인들에게 주신 법이 기록되어 있습니다. 그 법의 내용을 살펴보면 참 놀랍습니다. 오늘날의 그 어떤 법보다 사회적인 약자에 대한 보장과 배려가 잘 되어 있기 때문입니다.

저는 세상의 법과 하나님의 법을 비교해 보면서 하나님의 법이 사람의 양심에 더 부합하고 있음을 알게 되었습니다. 하나님의 법은 결코 힘을 가진 사람들을 위한 법이 아닙니다. 평화를 위해 당시 사회의 질서를 인정하면서도 가난한 사람, 고아와 과부들을 어떻게 돌보아야 하는지 잘 나타나 있습니다.

경제 정의가 사회에서 어떻게 구체적으로 실현될 수 있는지도 자세히 기록하고 있습니다. 예를 들어 어떤 사람이 경제적으로 어려워져서 자신이 소유한 토지를 다른 사람에게 팔았다고 해도 50년 만에 한 번씩 돌아오는 희년이라는 해에 땅을 조건 없이 돌려받도록 되어 있습니다. 농사를 지으며 사는 사람에게 있어서 땅은 삶의 기반입니다. 하나님은 가난한 사람들이 다시 일어설 수 있는 기회를 제도적으로 보장해 주셨습니다. 역사적으로 사람들이 만든 어떤 법보다 구약시대 당시 상황에서의 성경의 법은 정의롭습니다.

성경을 통해서 사회를 이해하면서 제가 어떻게 판단

하고 처신해야 하는지에 대한 기준을 가질 수 있게 되었습니다. 저는 하나님의 마음을 아는 사람들이 사회에 진출하여 하나님의 공의를 세상의 법과 제도에 반영을 할 수 있기를 바랍니다.

하나님은 힘으로 세상을 바꾸려고 하지 않으십니다. 공의로운 사회는 제도를 바꿈으로 이루어지는 것이 아닙니다. 제도를 만들고 실천하는 사람들의 마음이 바뀌어야 합니다. 힘으로 다스리려는 그 욕망으로부터 벗어나야 합니다. 하나님을 믿는 사람들이 남을 위해서 자신을 희생하고 약한 사람들을 돌보는 그런 모습을 사회 곳곳에서 보여주어야 합니다. 그럴 때에 우리 사회가 희망을 볼 수 있을 것입니다. 저는 하나님의 나라에 대한 소망이 사람들 마음 가운데 심기워지길 바랍니다.

## 2. 인간에 대한 이해

사람들은 왜 이기적입니까?

사람들은 이기적으로 살 수 밖에 없습니까?

저는 대학에 들어와서 사회에 대하여 실망한 것 이상으로 사람들에 대하여 실망하게 되었습니다. 남에게 손해를 끼치면서 사신의 유익을 추구하는 이기적인 모습들을 적지 않게 경험하게 되었기 때문입니다. 어렸을 때에는 친한 친구였는데도 금전적인 이익의 문제에서 갈등이 생기면 우정을 버리고 이익을 취하려고 합니다. 한 집안의 형제, 자매들 사이에 유산의 상속 문제로 다툼이 일어나는 경우를 주변에서 종종 접합니다.

그런데 저도 다른 사람 못지않게 이기적이라는 것을 부인할 수 없었습니다. 사람들이 아무리 교묘하게 자신의 이기심을 감추려고 하여도 우리에게는 그런 이기심을 잘 분별하는 재주가 있습니다. 왜냐하면 우리도 이기심을 추구하는데 다 선수들이기 때문입니다. 물론 이기심에는 정도의 차이가 있습니다. 그래서 정도가 심한 사람들을 보면 화가 납니다.

'아니 저 정도까지 이기적일 수 있는가!'

또한 우리는 이기적인 사람들을 용납하려는 마음보다는 미워하는 마음을 가지고 있습니다.

저는 성경을 통하여 사람이 왜 이기적인지에 대하여 새로운 깨달음을 얻게 되었습니다. 심리학에서는 사람이 안정감과 자존감을 추구하는 깊은 내면의 욕구가 있다고 합니다. 자존감과 안전감은 옳고 그름에 대한 기준을 초월합니다.

예를 들어, 내가 생명의 위협을 느끼면, 다른 사람을 죽이는 것도 악이 아닙니다. 정당방위로 인정을 받을 수 있습니다. 실제로 미국에서는 정당 방위의 이유로 총격을 가해 사람을 죽이는 사례가 심심치 않게 일어납니다. 내가 어떤 잘못을 저질렀다고 합시다. 그 잘못을 지적하는 사람이 나의 자존심을 건드리는 이야기를 하면 내가 잘못을 저질렀다는 생각보다 그 사람이 나의 자존심을 건드렸다는 생각이 더 커서 그 사람을 미워하는 것에 전혀 거리낌을 느끼지 않습니다. 즉 안전감과 자존감은 우리의 도덕 기준보다 더 깊은 내면에 자리 잡고 있는 마음입니다. 그런데 이 안전감과 자존감은 하나님으로부터 채워져야 하는 마음입니다.

하나님의 권위를 인정하지 않게 되면서부터 사람들은 안전감과 자존감이 채워지지 않는 문제에 봉착하게 되었습니다. 자신의 안전을 지키기 위하여, 그리고 다른 사람이 나를 업신여기지 못하도록 힘을 키우려고 애쓰게 되었습니다. 그런데 아무리 해도 그 안전감과 자존감이 채워지지 않습니다.

돈이 아무리 많아도, 내 생명을 연장할 수 없습니다. 다른 사람의 존경이나 인정을 내가 얻어낼 수 없습니다. 우리는 다른 사람과의 비교를 통해서 자존감을 채우려고 합니다. 그러므로 나의 경쟁자가 잘되는 것에 배 아파하고 잘못되는 것을 은근히 즐깁니다.

그러나 하나님이 나를 지켜주신다는 것을 믿으면 더 이상 내가 나를 지키려고 애를 쓰지 않아도 됩니다. 비록 세상에서 힘이 없어도, 돈이 없어도 괜찮습니다.

그것 때문에 나의 자존감이나 안전감이 없어지지 않습니다.

이것은 지적인 믿음이 아닙니다. 나를 도와주시고, 나를 지켜주시고, 나를 사랑해 주시는 분을 믿는 관계적인 믿음입니다. 이런 믿음을 가질 때, 이기심으로부터 자유롭게 됩니다. 세상에서는 우리에게 독립심을 가르칩니다. 결국 너는 너 스스로 지켜야 한다는 것이고 다른 사람의 도움을 받는 것을 수치스럽게 여기도록 합니다. 그러나 스스로 지키는 것을 내려놓고 하나님을 의지하게 되면, 사람들과 서로 도우며 사는 법을 배우게 됩니다. 도움을 주기도 하지만 도움을 기꺼이 받을 수도 있습니다. 사랑을 받는 법을 배웁니다. 손해 보는 법을 배웁니다.

이기적으로 행동하는 사람들을 보는 관점도 바뀌었습니다. 전에는 미움을 가지고 바라보았지만, 지금은 조금 안스러운 마음으로 바라보게 됩니다. 남에게 좋지 못한 평판을 받을 것을 스스로 알면서도 이기적으로 행동하는 사람들은 결코 마음이 평안하거나 행복하지 않을 것을 알기 때문입니다. 양심껏 살 자유를 누리지 못하고 자기 스스로를 지키기 위해 무거운 짐을 지고 있는 것처럼 여겨집니다. 저 사람이 하나님을 바로 믿게 되면 변할 터인데……

현재 우리가 속한 공동체에 문제가 있습니까?

가정과 직장, 어느 공동체이든지 관계성의 문제가 많이 존재합니다. 관계성의 문제는 사람이 변하면 해결이 됩니다. 자신의 유익만을 생각하지 않고 다른 사람을 배려하기 시작하면 대부분의 문제는 해결됩니다. 우선 내가 변하는 것이 문제가 해결되는 실마리입니다. 이기심의 속박으로 부터의 해방은 하나님을 믿음으로 얻게 되는 큰 축복입니다.

# 4. 사람은 어떻게 변화되는가?

소망의 시작은 내가 변하는 것입니다. 지금까지 꽉 막힌 벽을 보고 살았다면 생각과 태도를 돌이켜 소망의 문을 향해야 합니다. 그 문이 열려있습니다.

창조주 하나님이 우리에게 바라시는 것은 우리가 잘못된 길에서 돌이켜서 원래 하나님이 계획하셨던 것처럼, 하나님과 사랑의 교제를 하며 에덴동산의 축복을 회복하는 것입니다. 살면서 문제의식을 느끼지 못하고 만족하며 사는 사람들은 이러한 하나님의 뜻에 그렇게 마음이 끌리지 않을 수 있습니다. 우리가 배부르면 갈비에도 구미가 당기지 않듯이, 내가 만족하고 있으면 변화의 필요성을 느끼지 못합니다. 그러므로 변화를 위해서 필요한 것은 문제의식입니다. 무언가 잘못되었다는 것을 깨닫는 것이 그래서 축복입니다.

예수님은 이렇게 말씀하셨습니다.
"마음이 가난한 사람은 복이 있다. 하늘 나라가 그들의 것이다."(마태복음 5장 3절)

우리는 때로 외롭고, 허무함을 느끼고, 불안하고, 만족스럽지 않습니다. 이런 상태가 마음이 가난한 상태라 할 수 있습니다. 그럴 때에 우리는 무언가 변화가 필요하다는 생각을 하게 되고, 성경의 말씀에 대하여도 마음이 열리게 됩니다. 평소에는 자신 만만하게 살다가도 고치기 어려운 병에 걸리면 마음이 갈급해 져서 하나님을 찾는 사람들이 있습니다.

이 세상 다른 어떤 곳에서도 해결책을 찾지 못할 때에 가난한 마음이 들기 때문입니다. 그래서 혹자는 기독교를 약자의 종교라고도 합니다. 빈정거리는 뜻이 아니라면, 그 말에는 진실이 담겨져 있습니다. 스스로를 약자라고 느끼는 사람들이 하나님을 믿을 수 있기 때문입니다.

저는 병에 걸리거나 큰 문제를 가지지 않았습니다. 유학을 와서 학업이나 연구에도 비교적 좋은 성과를 거두고 있었고 경제적인 어려움도 없이 편한 생활을 하고 있었습니다. 그러나 저에게는 사회에 대한 불만이 있었고, 사람들의 이기심에 대한 절망스러운 마음, 그리고 미래에 대한 불안함 등의 문제의식이 있었습니다. 저의 마음에는 공허한 구석이 있었던 것입니다.

17세기 프랑스의 수학자이며 철학자인 파스칼은 우리가 기억하는 여러 명언을 남긴 분입니다.

"인간은 자연 가운데서도 가장 연약한 하나의 갈대에 불과하다. 그러나 그는 생각하는 갈대다"라는 말은 널리 알려져 있습니다. 그가 '팡세'라는 책에서 "사람의 마음에는 커다란 구멍이 있는데, 그 구멍은 무엇으로도 채울 수 없고 오직 하나님만이 채워주실 수 있다"라고 하였습니다. 그렇습니다. 제 마음의 허전함은 그 무엇으로도 채울 수 없었습니다.

하나님이 이런 우리의 모습을 보신다면 어떤 마음을 가지실까요?

하나님이 우리를 향해 가지고 있는 마음은 부모가 자녀에 대하여 가지고 있는 마음으로 헤아려 볼 수 있을 것입니다. 자녀가 잘 되는 것을 바라는 것은 부모의 당연한 심정입니다. 만약 자녀가 부모님의 바람과 달리 안 좋은 상황에 있다고 합시다. 그러면 부모는 어떻게 하고 싶을까요? 그런 부모님의 마음을 생각하며 성경에서 말씀하시는 것을 생각해 봅시다.

## 1. 죄에 대한 깨달음

지금의 상황이 잘못되어 있다면, 어디서부터 잘못되었는지를 바로 아는 것이 중요합니다. 이런 상황을 초래한 이유가 무엇인지를 바로 알게 될 때에 변화가 시작될 것이기 때문입니다. 열이 나서 병원을 가면, 일단 열을 낮추기 위해 해열제를 먹긴 하겠지만, 그것은 임시 처방에 불과합니다. 열을 나게 하는 원인이 무엇인지를 찾아야 합니다. 사람들이 허무함을 달래기 위해서 술을 의지할 수도 있고, 여행을 떠날 수도 있고, 쾌락을 추구할 수도 있지만, 그 어느 것도 진정한 해결책이 되지 못합니다. 임시 처방일 뿐입니다. 제가 마음에 빈 구석을 가지고 있었다고 해서, 그것 때문에 고민하고 살지는 않았습니다. 누구보다도 즐겁게 살려고 애를 썼고, 대부분의 시간, 그런 허무함을 잊고 살았습니다. 하지만, 그것이 근본 해결책이 되지 않았습니다.

성경은 인생에 있어서 무엇이 문제인지를 깨닫게 해주기 위해서 직설적인 표현을 씁니다. 그것은 모든 사람이 죄인이라는 것입니다. 사실 '죄인'이라는 말은 듣기 좋은 말은 아닙니다. 올바르게 살려고 애쓴 우리의 모든 노력을 무시하는 것 같고, 우리의 자존심을 건드리는 표현이기 때문입니다. 그래서 사람들은 죄인이라는 말에 거부감을 느낍니다. 그러나 하나님이 우리를 죄인이라고 하시는 이유는 정죄하기 위한 것이 아니라 용납하기 위해서입니다. 우리의 잘못을 고치기 위해서 사랑의 마음으로 우리의 아픈 구석을 보여주시는 것입니다.

곰곰이 생각해 보면, 내가 죄인이라고 여김을 받는 것은 오히려 다행한 일입니다. 왜냐하면 내가 의인인 척 꾸미지 않아도 되기 때문입니다. 당신은 스스로를 의로운 사람이라고 자신있게 이야기할 수 있습니까? 내가 옆의 사람보다 더 의롭다고, 상대적인 기준에서 의롭다고 이야기할 수 있을지는 몰라도, 절대적인 기준에서 의롭다고 이야기할 수 있는 사람은 없을 것입니다.

다른 사람에 대하여는 함부로 이야기할 수 없지만 제 자신에 대하여는 그렇게 인정할 수 있습니다. 결코 저는 의롭지 않습니다. 만약 제가 의로운 사람일 것이라고 누군가가 기대한다면 저는 무척 부담을 가질 것입니다.

우리나라에서 청문회에 대한 뉴스를 종종 접하게 됩니다. 높은 관료를 뽑기 위하여 그 사람의 자질을 판단하는 청문회를 보면 누구나 느낄 것입니다.

우리나라에 그렇게 의로운 사람은 없는가?

자신의 잘못이 드러날 것 같아서 고위직에 추천을 받는 것을 꺼리는 사람도 많다고 합니다. 제가 기억하기에 청문회를 통과한 사람 중에 흠 없이 의롭게 살았다고 인정받았던 사람은 아무도 없는 것 같습니다. 이 정도면 봐주어야 한다는 인정으로 청문회를 통과했을 뿐입니다.

물론 초야에 묻혀서 의롭게 살려고 애쓰는 사람이 있을 수도 있겠고, 성직자 중에서 의롭게 사시려고 애쓰는 분들도 있을 것입니다. 그러나 우리 속에 있는 죄성은 늘 우리를 괴롭힙니다. 그래서 불교에서는 자기 수양을 얼마나 합니까? 우리가 그렇게 자기 수양을 하지 않는 이상, 우리는 의로움의 경지에 도달할 수 없을 것입니다. 오래 자기 수양을 한다고 해도, 과연 의롭게 될 수 있을지 잘 모르겠습니다.

우리가 스스로 판단해도 그러한데, 선과 악의 기준을 정하시는 하나님의 관점에서 보면 어떨까요?

하나님이 정하시는 의의 기준은 우리가 생각하는 것 보다 더 높을 것입니다. 그러므로 모든 사람들이 그 기준에 미치지 못하는 것은 어쩔 수 없는 일입니다. 성경에는 하나님이 사람들에게 지키라고 주신 많은 계명들이 있습니다. 그리고 이렇게 말씀하십니다. 계명을 주신 이유는 우리가 하나님의 의로움의 수준에 얼마나 미치지 못하는지를 깨닫게 하시기 위함이라는 것입니다. 그러므로 하나님은 계명과 아울러 죄를 용서받는 법에 대하여도 알려 주셨습니다. 계명을 지키지 못했다고 심판하시기보다 계명을 지키지 못한 것을 인정하면 용서해 주시겠다고 하십니다. 그러므로 성경에서 우리를 죄인이라고 하는 것은 우리가 겸손하게 인정할 만한 일입니다.

사실 우리가 짓는 잘못들을 살펴보면 대부분 우리의 욕망과 이기심에서 비롯됩니다. 법은 어기지 않더라도 은근히 내 욕망을 추구하다 보면 양심에 꺼려지는 일들을 많이 하게 됩니다. 행동으로 옮기지는 못해도 마음으로 짓는 죄도 많이 있습니다. 내가 힘을 더 가지고 있을수록 죄를 지을 가능성은 더 높아집니다. 내가 마음대로 할 수 있는 범위가 넓어지기 때문입니다. 그래서 성경에서는 이런 죄 문제의 근본에는 하나님을 무시하고 내 마음대로 살려고 하는 교만이 있다고 이야기 합니다. 그 교만은 바로 첫 인류인 아담에서부터 시작되어 우리에게까지 내려온 유전입니다. 사람들은 가만 내버려 두면 저절로 하나님을 인정하는 그런 존재가 아닙니다. 그런 의미에서 우리는 본질적으로 죄인의 속성을 가지고 있습니다.

## 2. 죄에서 돌이킴-회개

하나님께서 우리의 죄인 됨을 강조하시는 이유가 무

엇일까요?

우리 죄를 들추어서 그 죄를 근거로 우리를 벌주시기 위한 것일까요?

소위 천국과 지옥이 있어서 죄를 많이 지은 사람은 지옥에 가고 의롭게 산 사람은 천국에 간다는 생각을 하고 있지는 않습니까?

이슬람이나 불교 등의 다른 종교에서는 이런 인과응보적인 내세관을 가지고 있습니다. 그래서 자신이 선한 일을 많이 하여서 그동안의 저지른 죄를 만회할 수 있어야 내세에 좋은 곳에 간다고 생각합니다. 많은 사람들이 암묵적으로 그런 인과응보적인 기준에 동의합니다.

그러나 성경에서 천국과 지옥에 갈 사람을 구분하는 근거는 죄를 얼마나 많이 지었는가에 관한 것이 아닙니다. 이것이 많은 사람들을 당황하게 합니다. 죄를 많이 지은 사람이 하나님을 믿으면 바로 천국에 가고, 의롭게 살려고 애쓴 사람이 하나님을 믿지 않았다는 그 이유 하나 때문에 지옥에 간다는 불합리해 보이는 말씀 때문에 기독교를 비판하고 하나님의 공의하심에 대하여 비판합니다. 그러므로 죄에 대하여 하나님이 어떻게 생각하시는지를 바로 이해하는 것이 필요합니다.

높이 나는 비행기를 타고 땅 아래를 내려다보면 지상에서는 높낮이의 차이가 큰 건물들이 다 비슷하게 보입니다. 마찬가지로 하나님의 기준에서 사람을 보실 때는 다 같은 죄인이어서 차이가 별로 없을 것입니다. 사실 사람들은 각자 다른 환경에서 태어나고 자라기 때문에 절대적인 기준으로 판단하는 것은 공평하지 않습니다.

예를 들어, 좋은 집안에서 태어나고, 엄한 교육을 받으며 자란 아이는 죄에 물들 기회가 적습니다. 그러나 가난한 환경에서 자녀를 돌보지 못하는 부모 밑에서 자라난 아이는 죄에 빠질 확률이 훨씬 많습니다. 아이 스스로는 어떤 조건에서 태어났는지, 그리고 어떤 환경에서 자라났는지를 선택할 권한이 없습니다. 그렇다면 단순히 죄의 양을 가지고 판단하는 것은 너무 불공평한 일이 아닙니까?. 불행한 환경에서 태어난 것도 억울한데, 죄의 양으로 판단을 받는 것은 지나친 것이 아닐까요? 한 사람의 입장에서 공평함은 과연 어떤 것일까요?

하나님은 오히려 나쁜 환경에서 자라난 아이에 대하여 깊은 동정심을 가지고 계십니다. 그래서 성경에 의하면 하나님은 이렇게 죄를 판단하십니다. 그 사람이 자신의 죄인 됨에 대하여 깨닫지 못할 때까지 지은 죄는 하나님 앞에서는 다 비슷합니다. 하나님은 그 대신 모든 사람에게 동일한 기회를 주고 싶어 하십니다. 죄를 많이 지은 사람이건, 적게 지은 사람이건, 자신이 지은 죄에 대하여 깨닫고 회개를 할 기회를 주십니다. 자신의 죄를 인정하고 회개를 하면, 하나님이 용서해 주시겠다는 것입니다. 그리고 용서받은 사람이 그 이후에 어떻게 사는 지를 가지고 하나님이 판단하시겠다는 것입니다.

저에게 이 말씀은 너무 합리적으로 여겨졌습니다. 왜냐하면 다른 사람들과의 비교를 통해서 제가 판단되는 것이 아니기 때문입니다. 다른 사람과 비교한다면 저의 노력이나 처지가 무시될 수 있고 제가 억울한 판단을 받을 수 있습니다. 그러나 하나님은 한 사람, 한 사람을 그 사람이 처한 환경에서 이해를 해 주십니다. 그러므로 누구나 하나님 앞에서는 동일하게 여김을 받습니다. 각자가 저지른 죄에 대한 하나님의 판결은 공평하여 아무 할 말도 없을 것입니다.

하나님이 이렇게 우리를 판단하시는 이유가 있습니다. 그것은 우리가 지금까지 저지른 죄를 기준으로 우리를 심판하시려는 것이 아니라, 우리를 변화시켜서 하나님이 계획하신 존귀한 존재로 창조의 목적대로 살도록 하시려는 것입니다. 그러므로 우리가 죄를 깨닫고, 회개하는 것은 우리에게 새롭게 다시 시작할 기회가 주어지는 것을 의미합니다.

다시 시작할 수 있다는 것은 모든 사람에게 소망을 줍니다. 그래서 저는 오늘도 회개를 하고 새로 시작할 용기를 얻습니다. 과거에 지은 죄를 굳이 감출 필요가 없습니다. 오히려 겸손하게 그 잘못을 인정할 수 있습니다. 왜냐하면 오늘의 나는 과거의 나와 다르고 또 다시 시작하고 싶기 때문입니다.

혹시 잘못을 감추려고 애써본 적이 있습니까?
장난을 치다 집안의 그릇을 깬 어린 아이가 있었습니다. 아이는 부모님 모르게 깨진 그릇을 버리고, 시치미를 뚝 떼려고 했습니다. 그런데 잘못을 감추려고 애쓰는 동안, 아이의 행동과 말은 다 어색해졌습니다. 부모님의 눈을 바로 쳐다볼 수도 없었고, 언젠가 그 잘못이 들통이 나지 않을까 염려하고 긴장하게 되었습니다. 한마디로 자유롭지 못했습니다.
그러다가 잘못이 들통이 났습니다. 아이는 자기가 생각했던 무서운 질책을 받지 않았습니다. 그 대신 부모님의 용서를 받았고 비로소 자유롭게 되었습니다.

부모님의 마음을 알았다면 먼저 잘못을 시인하였을 것입니다.

  이와 같이 죄는 우리를 속박합니다. 죄를 안 지을 수도 없지만, 죄를 지은 다음에는 그 죄 짐을 지고 살게 됩니다. 최근에 3년 전에 한국 애인을 죽인 캐나다인이 자수한 사건이 언론에 밝혀졌습니다. 물증과 목격자가 없어서 3년전 당시에는 무죄판결이 났었지만, 정작 본인은 자신이 지은 죄로 괴로워했습니다. 법적으로는 자유롭게 되었지만, 죄의 속박에 매어있었던 것입니다.

  우리 하나님은 용서해 주실 준비를 하고 계십니다. 우리가 죄를 시인하면 용서해 주실 것입니다. 용서를 받고 나서 또 죄를 지었다고 합시다. 그러면 어떻게 될까요?

  하나님이 우리를 용서해 주셨는데, 우리가 또 죄를 지으면 혹시 하나님이 이렇게 말씀하실 것이라고 생각하는 분이 계십니다.

"내가 용서해 주었는데, 또 죄를 지었니? 그것은 나를 배반한 것과 같다. 나는 실망이다. 어떻게 그럴 수가 있니? 더 이상 용서할 수 없다"

만약 이렇게 하신다면 용서받는 것 자체가 큰 짐이 될 것입니다. 그 다음에 죄를 짓지 않고 살 자신이 없기 때문입니다. 하나님에 대한 믿음으로 발을 내딛기 주저하는 사람들 중에 어떤 사람은 죄를 짓지 않고, 선하게 살 자신이 없기 때문이라고 합니다. 회개하면 다시는 그 죄를 짓지 않아야 한다고 생각합니다. 그러나 이것은 오해입니다.

하나님은 우리가 용서받은 다음에도 죄를 지을 것을 아십니다. 그러므로 회개하면 또 용서해 주십니다. 하나님의 우리를 향한 사랑은 변함이 없습니다. 과거보다 죄를 덜 지으면 그것으로 기특하게 여기실 것입니다. 자녀가 부모의 용서를 받으면 감사한 마음에 죄를 덜 지으려고 애쓸 것입니다. 이것이 바른 관계성에서 나오는 태도입니다.

회개해서 죄를 용서 받았다고 죄를 더 지을 사람이 있겠습니까?

그것은 회개를 한 것이 아닐 것입니다. 최소한 죄를 안 지으려 노력하지 않겠습니까? 그러면 어떻게 될까요?

시간이 지남에 다라 점차 죄를 짓는 빈도 수가 줄어들 것입니다. 이것이 하나님이 우리를 변화시키시는 방법입니다. 우리를 용서하시는 하나님의 사랑 때문에 우리가 자발적으로 죄를 멀리하는 것. 그러므로 하나님을 믿는 생활은 규율을 지키려고 애쓰는 식의 딱딱한 것이 아닙니다. 하나님의 사랑에 감사하며 점차로 착하게 변해가는 것입니다. 그런 의미에서 우리는 하나님 앞에서 늘 자유롭습니다. 자신을 숨길 필요가 없습니다. 억지로 의로운 척 할 필요가 없습니다. 사랑으로 변화되는 것, 이것이 진정한 회개입니다.

죄에 대한 용서는 쉽게 이루어지는 것이 아닙니다. 자녀가 저지를 잘못을 부모가 용서하는 것은 말로만 되는 것이 아닙니다. 그 죄로 말미암아 벌어진 일에 대하여 책임을 지는 것 까지 포함합니다. 부모라면 자녀들의 문제를 해결하기 위하여 재정적인 손해를 감수한 경험이 있을 것입니다. 그러면서 이런 마음을 갖습니다.

"내가 너희들을 위해서 희생하는 마음을 알고, 앞으로는 그런 잘못을 저지르지 않기를 바란다."

만약, 부모의 그런 마음을 제대로 헤아린다면 자녀는 그런 잘못을 더 이상 저지르지 않을 것입니다. 죄를 용서해 주기 위한 댓가가 얼마나 큰 지를 알아야 용서에 담긴 사랑의 크기를 알게 될 것입니다.

구약 시대에 하나님은 죄에 대한 댓가를 동물의 희생 죽음으로 치루도록 하셨습니다. 그리고 신약 시대에는 예수님이 십자가에서 돌아가신 것이 우리의 죄값을 대신 치루도록 하신 것이라고 합니다. 예수님에 대하여는 다음 장에서 살펴볼 것입니다.

저는 저의 자녀를 무척 사랑합니다. 그런데, 어떤 사

람을 돕기 위해서 제가 자녀들에게 손해를 끼치는 경우가 있습니다. 잠시 머물 곳이 필요하다고 해서 아들이 자던 방을 그 사람에게 양보를 하고, 아들이 불편을 감수하도록 합니다. 그렇다면, 그런 도움을 받은 사람은 자신에게 베푼 사랑의 크기를 아들이 당한 불편함의 크기 수준으로 이해할 수 있을 것입니다.

하나님은 우리를 쉽게 용서해 주신 것이 아니라고 하십니다. 우리를 용서해 주시기 위해서 예수님을 대신 죽이실 만큼 우리를 사랑하시는 분이십니다. 그런 마음을 헤아려 보아야 진정한 회개를 할 수 있습니다. 단순히 죄를 짓지 말아야지라고 결심하는 의지적인 결단이 회개가 아닙니다. 나의 죄를 용서하시기 위해 치루셔야 했던 댓가와 사랑을 이해함으로 마음에 감동을 받아 결단하는 인격적인 반응이 회개입니다.

## 3. 변화를 받음

하나님은 믿음으로 용서를 받은 사람이 죄를 지어도 또 용서해 주시는 분이시지만, 하나님은 죄의 심판으로부터 면죄부를 주시기 위해서 용서해 주시는 것이 아닙니다.

하나님이 우리를 용서해 주시는 이유는 우리가 변화되는 것을 원하시기 때문입니다. 그래서 성경에는 이렇게 기록하고 있습니다.

"여러분은 이 시대의 풍조를 본받지 말고, 마음을 새롭게 함으로 변화를 받아서, 하나님의 선하시고 기뻐하시고 완전하신 뜻이 무엇인지를 분별하도록 하십시오."(로마서 12장 2절)

이 구절에서 '변화'는 헬라어로 '메타모포시스'라고 하는데 이 단어는 번데기가 나비로 바뀌는 그런 본질적인 변화를 나타낸다고 합니다. 외형만 바뀌는 것이 아니라 본질이 바뀌는 것입니다. 애벌레나 번데기 때의 행적을 나비는 더 이상 부끄러워할 필요가 없습니다. 이제는 날아다니는 새로운 존재이니까 흙을 기어다니던 애벌레와는 전혀 다른 존재가 된 것입니다.

이 구절에서 의미 있는 단어는 변화를 '받는다'는 것입니다. 변화되라고 명령하는 것이 아님에 유의할 필요가 있습니다. 내가 변화의 주체가 아니라 내가 변화를 수용해야 한다는 것이지요.

우리가 얼마나 많이 '작심삼일'의 실패를 경험하고 있습니까?
아무리 마음을 모질게 먹어도 며칠 지나지 않아 원상복귀가 되는 경우가 많습니다. 그래서 어떤 사람들은 결국 사람은 변하지 않는다고 결론 내립니다. 저는 다른 사람들이 볼 때에는 의지가 강하고 스스로의 일을 잘 챙기는 편입니다. 그리고 마음먹은 것을 시간에 맞추어 해내려고 애씁니다. 그러나 저에게도 의지를 제대로 발휘하지 못해서 실패한 숱한 경험들이 있습니다. 만약 제가 스스로 변해야 한다고 요구를 받는다면 저는 결코 자유롭지 못할 것입니다.

내 힘으로 변해 보려고 하다가 몇 차례의 실패를 경험하게 되면 자포자기하게 됩니다. 변화에 대한 의욕을 잃어버리고 맙니다. 그런데 성경은 우리가 실패한 방법과 다른 방법을 말씀하고 있습니다. 그것은 바로 우리가 변화를 받으라는 것입니다. 성경 구절에서 변화를 받기 위해 우리가 해야 할 것을 한가지 알려주고 있는데, 그것은 마음을 새롭게 하는 것입니다. 마음이 새로워지면 우리의 태도가 바뀌게 됩니다.

길거리 청소를 하는 두 사람이 있었습니다.

매일 새벽 동네를 청소하는데 한 사람은 콧소리로 노래를 부르며 일을 하는 반면 다른 한 사람은 자신의 처지를 한탄하며 일을 합니다. 동일한 일을 하여도 다른 태도로 일을 하는 것이지요. 자신의 처지를 한탄하는 사람의 경우, 길거리 청소는 하찮은 일이라고 생각하고 있었습니다. 그래서 아무리 불평하지 말고 열심히 일을 하자고 결심하여도 그 결심을 지키기 어렵습니다.

 즐겁게 일을 하는 사람은 그렇게 생각하지 않았습니다. 출근하는 사람들이 깨끗한 거리를 보면 산뜻한 마음으로 하루를 시작할 수 있을 것이므로 청소를 하는 일은 다른 사람들을 위해서 가치있는 일이라고 생각하였습니다. 즐거운 마음으로 일을 하면 몸도 가벼워집니다. 청소하는 일은 오늘날 대부분 사람들이 하찮은 일로 여길 수 있지만, 마음을 바꾸면 그렇지 않을 수 있습니다.

 저는 학교에서 청소하는 한 아주머니를 종종 맞주치는데, 그 분을 만나면 기분이 좋아집니다. 그 분은 늘 밝고 편안한 얼굴로 인사를 건네십니다. 다른 분들과는 다른 그 분의 표정에서 저는 하루를 감사함으로 시작할 위로를 받습니다.

 마음을 바꾸면 행동이 바뀌는 경험은 여러분도 해보셨을 것입니다.

 "기왕에 해야 하는 일은 즐겁게 하자."

그것이 저의 모토 중의 하나입니다. 억지로 하는 것만큼 시간의 낭비가 없다고 생각하기 때문입니다. 유학 중에 저는 믿음 생활도 이왕 할려면 제대로 해야 하겠다는 생각을 했습니다. 습관적으로 교회를 가던 신앙생활을 청산하고 제대로 알고 믿어야 하겠다는 생각이 들었습니다. 그래서 성경을 공부할 생각이 들었고, 성경을 통하여 내가 무엇을 믿어야 하는지를 바로 알게 되었다는 것은 앞에서도 말씀드린 바와 같습니다.

 그런데 마음을 바꾸는 것은 행동을 바꾸는 것 보다 결코 쉬운 일이 아닙니다. 하지만 성경은 우리에게 새로운 방법을 알려주고 있습니다. 그것은 우리가 영으로 하나님과 교제를 하면 마음이 바뀐다는 것입니다.
 제가 이것을 깨달은 것은 성경을 통해서 믿음을 새롭게 한 다음 한참을 지낸 뒤의 일입니다.

 당신은 마음이 힘들 때에 어떻게 하십니까?

휴식을 취할 수도 있을 것이고 여행을 다녀올 수도 있을 것입니다. 하나님에 대한 믿음을 가지고 있는 사람은 기도를 할 수도 있습니다. 저도 마음을 위로하기 위하여 이것 저것을 해 봅니다. 그런데, 많은 경우 제가 문제에 집중하고 있는 한 마음이 편해지지 않습니다. 그러나 제가 하나님을 예배하고 찬양을 하다보면, 고민하고 염려하던 문제가 더 이상 문제가 되지 않음을 발견하게 됩니다.

얼마 전까지 마음을 짓누르던 문제가 더 이상 마음을 짓누르지 않습니다. 이를 어떻게 설명할 수 있을지 모르지만, 그런 일을 여러 차례 경험을 했습니다. 제 영이 하나님으로부터 오는 생명의 기운을 받음으로 저의 기분과 마음이 새로워진 것으로 이해합니다. 그러므로 저에게는 하나님을 예배하는 것이 종교적인 형식이나 의무가 아닙니다. 예배를 통해서 마음이 새로운 힘을 얻게 됩니다.

성경에는 성령에 대하여 소개합니다. 성령은 과학적

인 방법으로는 존재를 설명할 수 없는 분이지만, 실제로 나를 도우시는 하나님이시라는 것입니다. 내 영을 새롭게 하시고, 그래서 내 마음을 새롭게 하시고 나를 새로운 피조물 답게 살도록 도와주시는 분이 성령이십니다. 성령에 대하여는 6장에서 더 살펴볼 것입니다.

# 5
# 예수님은 어떤 분인가?

2000여년전 예수님은 낙심한 자들, 현실에 눌려서 소망을 잃어버린 사람들을 만나셔서 산 소망을 주셨습니다. 예수님을 바로 이해할 때 소망은 단순한 바람이 아닌 실제가 됩니다.

세상이 어떻게 시작되었는지에 대하여 아무도 자신할 수 없을 뿐 아니라, 과학도 제대로 설명하지 못하기 때문에 우리와는 다른 초월적인 신에 의하여 세상이 창조되었다는 것은 믿을 만하다고 여기는 사람들은 비교적 쉽게 찾을 수 있습니다. 그러나 기독교 신앙에 대하여 거북하게 여기게 되는 이유 중의 하나는 예수님을 하나님과 동격으로 여기는 것 때문입니다.

사실 우리 주변에는 자신을 신으로 추종하도록 하는 여러 교주들에 의하여 피해를 보는 사람들에 대한 뉴스가 심심치 않게 들립니다. 젊은 여성들에게 못된 짓을 해서 언론에 크게 알려진 J씨가 대표적인 예입니다. 그리고 T교나 H의 교회 등의 교주들도 결국 자신을 신적 계시를 직통으로 받는 존재로 높여서 많은 추종자들을 얻고 있습니다.

시대가 달라서 그렇지, 예수님의 시대에서는 일반 사람들이 예수님을 그런 부류 중 한 사람으로 여겼으리라 짐작할 수 있습니다.

어떻게 사람이 신과 동격이 될 수 있습니까?

만약 그렇게 될 수 있다면 신은 너무 격이 낮아서 우리가 믿을 수 없는 존재가 아닙니까? 이런 생각을 하면 예수님에 대하여 의심하는 마음이 생기고, 믿음을 갖는 것이 쉽지 않게 됩니다.

그러면 예수님을 믿지 않고 창조주 하나님을 믿을 수는 없을까요?

지금까지 앞에서 이야기한 바라면 예수님 없이도 하나님을 믿을 수 있을 것처럼 여길 수도 있겠습니다. 그러나 실상은 그렇지 않습니다. 왜냐하면 지금까지 설명한 하나님의 마음은 예수님이 우리에게 가르쳐 주신 것이기 때문입니다. 그것은 예수님을 하나님과 동등한 분으로 인정하지 않는 유대교와 이슬람교를 보면 알 수 있습니다.

유대교와 이슬람교도 창조주 하나님을 유일신으로 믿습니다. 그러나 유대교와 이슬람교에서 가르치는 하나님은 이 책에서 지금까지 설명한 하나님과는 큰 차이가 있습니다.

그들의 하나님은 우리의 죄를 용서해 주시고 우리에게 최선을 주시기 원하시며 구체적으로 우리를 도우시는 그런 사랑의 하나님이 아닙니다. 계명을 주시고 계명을 지키지 않는 사람을 심판하시는 엄격한 하나님이십니다.

'하나님'이라는 이름은 같이 쓰지만, 그 분의 성품과 속성에는 큰 차이가 있습니다. 동명이인의 사람들이 그러하듯이 같은 '하나님'이라고 부른다고 해도 동일한 존재로 생각할 수가 없습니다.

만약 예수님을 믿지 않고 창조주 하나님을 믿는다면, 유대교와 이슬람교의 하나님을 믿는 것이 타당할 것입니다. 그렇다면 저는 결코 하나님을 믿지 못했을 것입니다. 왜냐하면 저의 양심과 종교의 가르침이 너무 달라서 자유로운 정신을 추구하는 제가 그런 강요된 분위기 속에서 신앙생활을 지속할 수 없었을 것이기 때문입니다.

그렇습니다. 저는 예수님을 통해서 하나님이 어떤 분인지를 이해하게 되었고, 그런 하나님을 믿게 되었습니다. 그래서 예수님이 신과 동격이 아니라는 것이 밝혀진다면, 저는 모든 것을 잘못 믿은 것으로 판명날 것이고, 거짓에 속은 피해자요, 많은 사람들을 잘못 인도한 죄를 떠안게 될 것입니다. 그런 위험에도 불구하고 저는 예수님을 통해서 하나님을 믿습니다. 사실 기독교를 배척하는 여러 사람들이 예수님의 허구성을 증명하기 위해서 많은 애를 썼습니다. 그러나 지난 2000년 동안, 설득력 있게 예수님의 허구성을 증명하는데 성공한 사람은 없었습니다.

예수님의 허구성을 증명하는 것이 얼마나 어려울까요?

이스라엘의 어느 촌 동네에서 태어나서 자랐다는 어린 시절의 이야기에 대하여는 허구성을 증명하기가 거의 불가능할 것입니다. 기록이 남아 있지도 않을 것이고 사람들의 관심도 별로 끌지 못했을 것이기 때문입니다. 그러나 성경에 기록된 대로 예수님께서 3년여 기간을 보내셨다면 그 사실에 대하여는 어떤 역사적인 사료가 남아있을 가능성이 있습니다.

기독교는 그 당시 로마의 황실에 까지 영향을 끼쳤고, 서기 64년경에는 네로 황제의 핍박을 받게 됩니다.

유대교 지도자들과 로마까지 기독교를 핍박했던 시대를 생각해 보면, 그들이 왜 예수님의 허구성을 증명하지 못했을지 의문이 듭니다. 왜냐하면 그 당시 예수님을 믿는 사람들은 예수님이 부활하셨다고 하는 그 주장에 근거하여 포교를 하였기 때문입니다.

놀라운 것은 예수님이 자신이 사흘 만에 부활할 것임을 미리 예언하셨다고 성경에 기록되어 있다는 점입니다. 이것이 거짓이라면 너무 쉽게 들통이 날 성격의 주장이 아닙니까? 어쩌면 예수님은 자신의 실체에 대하여 승부수를 던진 것으로 볼 수 있습니다.

예수님의 부활이 거짓이라고 증명을 하면 기독교는 존재할 수 없었을 것입니다. 그런데 그렇게 못한 것으로 보아 예수님의 시체는 없었던 것이 분명합니다. 아마 예수님의 시체를 제자들이 훔쳐갔을 것으로 해석하는 것이 가장 타당했을 것입니다. 그래서 그들이 쓸 수 있는 방법은 제자들을 체포하여 심문하는 것이었습니다. 그들은 예수님을 믿는 여러 사람들을 심문하고 죽이기까지 하였습니다. 그런 핍박 속에서 예수님의 제자들이 예수님을 향한 믿음을 부인하지 않았던 것이 기이합니다.

어떻게 죽은 사람에게 그만큼 충성을 바칠 수 있었을까요?

아마 소수의 사람들이 그러했다면 이해가 될 것 같습니다. 어느 사회이든지 몇 명은 우리가 쉽게 이해할 수 없는 특별한 사람일 수 있으니까요. 만약 믿음을 지킴으로 유익을 얻을 수 있다면 그럴 수도 있을 것 같습니다. 나를 희생해서라도 우리 가정이 잘 될 수만 있다면 핍박을 견딜 사람은 있을 것 같으니까요. 그런데, 그렇지 않았습니다. 소수가 아닌 많은 사람들이 핍박을 견디었고, 그들은 자신의 유익을 얻기는커녕 하나밖에 없는 자신의 목숨과 가족의 불행을 감수하고 평생을 고난 가운데 살았습니다. 그리고 그런 그들의 주장이 일부 지역에만 국한 되었으면 그나마 그럴 수도 있을 것으로 판단하겠지만, 전 사회에 큰 영향을 끼칠 정도였으니, 예수님의 허구성을 증명하는 것은 상식적으로 생각해도 쉽지 않다는 것을 알 수 있습니다.

저는 귀납적인 방법으로 예수님을 받아들였습니다. 성경에서 예수님을 어떤 분으로 소개하고 있는지를 먼저 살펴보고, 그런 예수님을 제가 믿을 수 있는지를 자문하여 보았습니다. 성경을 읽으면서 저는 그전까지 상식적인 수준에서 막연하게 상상했던 예수와 성경에서 말씀하는 예수와 크게 다름을 알게 되었습니다. 그리곤 기꺼이 예수님을 믿기로 작정하였습니다.

믿음에 관한 주제를 떠나면 사람들은 예수를 성인으로 여기는 것을 주저하지 않습니다. 성경에 기록된 예수님의 모습은 성인으로 추앙 받기에 부족함이 없어 보입니다. 보통 사람들과는 전혀 다른 수준의 삶을 사셨고, 예수님의 가르침은 다른 사람들의 가르침과는 너무 달랐습니다.

가장 널리 알려진 가르침은 '원수를 사랑하라'가

아닙니까?

누구도 쉽게 할 수 없는 말입니다. 그 당시 고대 노예 사회에서 억울한 일을 많이 당하고 있었을 사람들에게 원수를 사랑하라고 가르치셨던 예수님은 일반 사람의 수준과 같은 분일 수 없습니다. 또한 그 가르침을 자신의 삶에서 그대로 실천하셨습니다.

그때에 예수께서 말씀하셨습니다.

"아버지, 저 사람들을 용서하여 주십시오. 저 사람들은 자기네가 무슨 일을 하는지를 알지 못합니다."(누가복음 23장 34절)

십자가에서 달려 죽는 순간에도 자신을 죽이는 사람들의 용서를 비는 기도를 드리신 것으로 성경은 기록하고 있습니다. 이런 예수님의 가르침을 충실히 따랐던 사람 중에서 초대교회의 집사로써 최초의 순교자가 된 스데반이 있습니다. 예수님을 증거하고 유대교를 모욕했다는 죄 때문에 돌로 쳐 죽임을 당했던 스데반도 자신에게 돌을 던지는 사람들에 대해서 다음과 같이 고백하였습니다.

 "주님, 이 죄를 저 사람들에게 돌리지 마십시오."(사도행전 7장 60절)

 우리나라의 손양원 목사님은 1948년 여수,순천 반란 사건에서 자신의 아들 둘을 죽인 공산 분자 청년을 용서하고 양자로 삼아, 원수를 사랑하는 것이 어떠한 것인지를 생생하게 보여주셨습니다.

 성경에 기록된 예수님의 가르침은 다른 성인들의 가르침 보다 그 양에 있어서 결코 많지 않습니다. 하지만 짧은 기록 속에 담긴 예수님의 가르침이 주는 울림은 어떤 사상보다 크기에 성인이라고 추앙하는 것을 주저하지 않습니다. 저는 이렇게 좋은 가르침을 주시는 분으로 예수님을 알고 있었습니다. 물론 예수님이 우리 죄를 위해서 십자가를 지신 분이라는 내용도 교리로써 잘 이해하고 있었습니다.

 그러나 그 뿐만이 아니었습니다. 제가 성경에서 본 예수님은 혁명가이셨습니다. 그 당시 사회 통념과 사람들의 기존 생각을 혁신시키는 혁명가이셨습니다. 예수님은 그 당시 사회로부터 소외당하고 업신여기던 사람들을 먼저 찾아가셨습니다. 그래서 세리와 창녀들의 친구라고 비난을 받으셨습니다.

예수님은 왜 그들을 찾아가셨던 것일까요?

그들은 결코 좋은 일을 한 사람이 아니었습니다. 세리들은 로마의 통치 권력에 빌붙어서 자신의 잇속을 챙기고자 동족들을 갈취하던 나쁜 사람들이었습니다. 우리나라 일제시대 때의 세무 공무원들을 생각하면 그 당시 세리들을 향한 유대인들의 감정이 어떠했는지 상상할 수 있을 것입니다. 쉽게 용서하기 어려운 죄를 짓고 있던 사람들이었습니다. 창녀들은 유대인의 율법으로는 죽임을 당할 수밖에 없는 더러운 죄를 짓는 사람들이었습니다. 아무도 그들에 대해 좋은 감정을 가지고 있지 않았습니다. 그런데 그런 사람들을 예수님은 무시하지 않으셨습니다. 무시하지 않으신 것만이 아니라 적극적으로 찾아가셔서 세리를 자신의 제자로 삼기까지 하셨습니다.

  예수님은 그런 사람도 포기하지 않으시고 사랑으로 변화를 시키시는 분이셨던 것입니다. 악한 사람이 사랑의 힘으로 변화되는 것, 이것이 진정한 소망이 아닙니까? 이 일은 아무나 할 수 있는 일이 아닙니다.

  예수님은 또한 가난하고 억눌린 사람들, 병에 걸린 사람들을 적극적으로 도와주셨습니다. 그러나 그들의 요구를 그대로 수용하신 것이 아니었고, 정치적으로 그들의 편이 되신 것도 아니었습니다. 예수님은 그들을 위로하셨지만, 아울러 그들의 생각과 마음을 바꾸시기 위하여 하나님의 뜻을 가르치셨습니다. 누구나 예수님을 만나면 위로를 받았고, 소망을 받았습니다. 그러나 예수님은 그들의 성원에 자신을 의탁하지 않으셨고, 자신의 인기를 어떤 목적으로도 이용하지 않으셨습니다. 오히려 그들로부터 받는 인기를 거북해 하셨고, 피하셨습니다.

  예수님은 단순히 가난하고 억눌린 사람들을 해방시

키는 인본주의적인 목적을 가지신 것이 아니었기 때문입니다. 예수님은 하나님의 나라가 어떤 곳인지를 선포하면서, 그 나라를 이 세상에서 세워 나가시는 목적에 초점을 맞추고 계셨습니다.

예수님은 그 당시 기득권 세력에 결코 주눅 들지 않으셨습니다. 그들의 눈치를 보지 않았고 그들과 타협하려고 한 적도 없습니다. 자신을 심문하는 로마 총독 빌라도 앞에서도 마지막 순간까지 당당하셨습니다. 오히려 예수님을 심문하던 빌라도가 그 위세에 주눅이 들 수밖에 없었습니다. 그 당시 유대인들의 종교와 생활에 절대적인 권력을 행사하던 종교 지도자들과 정면으로 대결하셨고 그들의 위선을 지적하셨습니다. 그들이 만들어 놓은 종교적인 틀이 옳지 않음을 설파하셨습니다.

저는 이런 예수님의 모습에 매료되었습니다. 이 세상의 부조리와 악들에 대하여 어떻게 대응하면 되는

지에 대한 실마리를 예수님을 통해서 찾을 수 있었기 때문입니다. 예수님은 폭력적인 방법, 정치적인 방법을 동원하지 않으셨습니다. 사랑과 진리로 사람들을 대하셨는데, 그것이 사람들을 변화시키는 것을 보이셨던 것입니다. 예수님 앞에서는 모든 사람이 다 존중히 여김을 받았고, 가치 있는 존재가 될 수 있었습니다. 예수님은 교만한 사람은 낮추시고, 열등감에 빠져 있는 사람에게는 자긍심과 소망을 주셨습니다.

예수님은 신앙을 떠나서 라도 진정 제가 따를만한 분이셨습니다. 제 인생의 멘토가 되시기에 충분하신 분이셨습니다. 사람들은 자신이 존경하는 사람을 따르길 원하고, 때론 그 사람을 위하여 자신의 인생을 투자하기도 합니다. 뿐만 아니라 자신이 믿는 사상을 고수하기 위하여 목숨을 걸기도 합니다.

그럼, 나는 누구를 따르고 무엇에 내 목숨을 걸 수 있을까요?

사람들의 이기심에 실망하고, 사회의 부조리에 눈을

뜬 다음에는 그런 대상은 저에게 있을 수가 없었습니다. 그런데, 성경에 기록된 예수님의 모습은 달랐습니다. 나의 정신적인 방황에 종지부를 찍을 가르침을 예수님의 삶과 말씀에서 얻을 수 있을 것 같았습니다. 그래서 예수님을 따르기로 작정을 하였습니다.

## 1. 예수님: 하나님의 계시

예수님을 꺼려했던 유대교 지도자들이 궁금했던 것은 예수님의 정체에 관한 것이었습니다. 분명히 그들이 조사한 바에 따르면 예수님은 나사렛이란 시골 동네에서 목수의 아들로 자라온 사람이었고, 자신들과 같이 구약 성경에 대한 공부를 공식적인 루트를 통해서는 받은 적이 없는 사람이었습니다.

오늘날로 말하면 학력도 별 볼일 없고, 집안도 훌륭한 집안이 아닌데, 어떻게 그런 사람의 말에 권위를 줄 수 있습니까? 제가 그 당시에 살았었다면 아마 저 같이 신중하고 모험을 꺼려하는 보수적인 사람은 유대인들의 편에 섰을 것 같습니다. 그 당시에 태어나지 않은 것이 얼마나 다행인지요.

그런 예수님이 계속 하신 말씀이 있었습니다. 그것은 바로 당신이 하나님으로부터 온 사람이라는 것이고, 하나님을 믿으려면 자신을 믿어야 한다는 것입니다. 인간 주제에 창조주 하나님과 자신을 동일시하시는 예수님을 어떻게 이해할 수 있을까요?

과대망상증을 가지신 분으로 여기기에는 앞에서 살펴본 바와 같이 예수님의 삶과 가르침의 수준이 너무 높았습니다. 더욱이 자신이 사람들로부터 높임을 받거나 대접을 받으려는 모습이 전혀 없었습니다. 오늘날 자신들이 권력과 부를 축적하는 사이비 교주들의 행태와는 전적으로 다르기 때문에 그들과 동일시 할 수는 전혀 없지요.

유대교 종교 지도자들에게는 이것이 끝까지 걸림이 되었습니다. 예수님이 구약 성경을 새롭게 해석해 주는 것은 참을 수 있었습니다. 구약 성경에 보면 하나님으로부터 보내심을 받은 예언자들이 있었는데 그들은 사람들이 알지 못했던 하나님의 뜻을 선포하곤 했으니, 예수님을 예언자의 한 사람으로 인정하는 것은 가능했습니다. 그래서 그들은 예수님께 이를 확인하고자 하였습니다.

"당신은 예언자입니까?"

그러나 예수님은 그 수준에 당신을 제한하지 않았습니다. 하나님을 아버지라고 호칭하시면서 당신을 하나님의 아들로 소개하였습니다. 그랬기에 예수님의 형제들이나 친척들도 예수님을 미친 것으로 간주하였습니다.

"내 형이 하나님의 아들이라니."

예수님의 형제들이 어떻게 이를 받아들일 수 있었겠습니까?

예수님이 이 주장만 굽혔다면 예수님은 십자가의 죽음을 피할 수 있었을 것입니다. 유대인들이 예수님을 죽일 수 있었던 근거는 바로 신성 모독죄입니다. 다른 죄는 어떻게든 용서가 될 수 있을지 몰라도 유대인들에게 있어서 창조주 하나님을 모독하는 것은 재론의 여지가 없는 사형감이었습니다.

그렇게 선한 일을 많이 하고 뛰어난 가르침을 주신 예수님, 그리고 당신이 설파하시는 하나님의 나라가 이 땅에 세워지기 위해서 더 오랜 시간을 사역을 하면 좋았을 것 같은데, 예수님은 하나님의 아들이라는 주장을 굽히지 않아서 33세의 나이로 요절하게 됩니다. 과대망상증과 같은 정신병자가 아니라면 왜 그랬을까요?

성경에서 설명하는 답 외의 다른 답은 없어 보였습니다. 그것은 진짜로 하나님이 보내신 분이라는 것입니다. 창조주 하나님이 그렇게 하기로 계획하셨다면 무엇을 못하실까요? 그러면 왜 하나님께서 예수님을 인간의 모습으로 보내셨을까 하는 물음이 남습니다. 기독교 교리로는 우리 죄를 대속하시기 위해서 오셨다고 하는데, 꼭 그 방법 밖에 없었을지 의문이 남습니다. 희생 제물로 죄를 속하는 그 방법을 계속 사용하실 수는 없었는지요?

제가 깨달은 바로는 하나님께서는 예수님을 보내셨어야 했습니다. 그것은 바로 하나님이 어떤 분인지를 우리에게 알려주셔야만 했기 때문입니다.

성경에 이렇게 기록되어 있습니다.
"일찍이, 하나님을 본 사람은 아무도 없다. 아버지의 품속에 계신 외아들이신 하나님께서 하나님을 알려주셨다."(요한복음 1장 18절)
이 구절에서 아버지의 품속에 계신 외아들이신 하나님이란 표현은 바로 예수님을 가르킵니다. 그리고 예수님은 하나님이 어떤 분이신지를 알려주시는 분이시라고 기록한 것입니다.

우리의 차원을 뛰어넘는 하나님을 우리가 어떻게

알 수 있을까요?

그것은 '계시'를 통해서만 가능합니다. 하나님을 아무도 본 사람이 없기 때문에 누구도 하나님을 정확하게 설명할 수가 없습니다. 장님이 코끼리를 만지는 것처럼, 자신이 깨달은 만큼 하나님이 이러한 분이시라고 설명할 수 밖에 없겠지요. 장님이 코끼리의 어떤 부분을 만지는가에 따라 표현이 달라지듯이 사람들이 하나님에 대하여 다른 생각을 갖는 것은 어쩌면 당연한 일입니다. 문제는 내가 하나님을 다 안다 라고 착각을 하지 말아야 한다는 것입니다.

하나님에 대한 이해들을 모두 종합하여 보면 하나님이 어떤 분인지에 대한 더 큰 그림을 그릴 수가 있습니다. 저에게 자녀가 3명이 있지만, 그들이 저를 대하는 방식이 다르고 다른 사람에게 제가 어떤 사람이라고 설명하는 것도 다릅니다. 그런데 누구도 자녀들을 통하여 저를 제대로 알 수는 없습니다. 저를 알기 위해서는 저를 개별적으로 만나는 수밖에 없을 것입니다.

하나님에 대하여도 자신들의 경험으로 판단하고 이해를 하기 때문에 기독교에서 많은 종파들이 생겨나게 되었습니다. 자식들이 다르게 저를 이해하지만 제가 아버지라는 사실은 변함이 없기 때문에 종파는 다르다고 하여도 동일한 하나님을 믿는다고 이야기할 수 있겠지요.

창세기의 기록을 되돌아보면, 이 세상 문제의 시작은 하나님에 대한 오해에서 비롯되었습니다. 사탄이 하와가 선악과를 따 먹도록 유혹할 때에 하나님의 의도를 왜곡시켜 전달하였습니다. 하와에게 교묘하게 물어봅니다.

"선과 악을 알게 하는 나무를 먹지 못하게 한 진짜 이유가 무엇인지 아니?"

진짜 이유는 바로 너희가 하나님과 같이 되는 것을 막기 위한 것이라고 하면서 인간이 가진 잠재적인 교만함을 부추겼습니다. 즉 하나님이 인간의 자유를 제한하며 간섭하려고 하시는 분이라고 설명한 것입니다. 하나님의 선한 의도를 왜곡시키고, 하나님의 성품을 오해하도록 하였습니다.

사람들이 하나님을 믿으려면 하나님이 어떠한 분이신지를 바로 아는 것이 필요합니다. 예수님이 사셨던 당시의 사람들은 하나님을 어떻게 알고 있었을까요? 그들은 유대교 종교 지도자들이 구약의 성경을 가지고 설명하는 하나님에 대하여 알고 있었습니다. 그 하나님은 600여년 전에 이스라엘이 바벨론에게 멸망을 당하도록 심판하신 하나님이십니다. 그리고 지난 400년 동안 아무런 예언자도 보내시지 않아서 이스라엘의 역사에 대하여 침묵하시는 하나님이셨습니다. 유대인들은 자신들의 선조들이 저지른 죄악의 결과로 이스라엘이 망했음을 알고 있었습니다. 그래서 이스라엘이 회복되기 위해서는 하나님의 계명을 잘 지켜야 한다고 생각했습니다. 이스라엘을 향한 하나님의 분을 풀어야 한다고 생각했을 것입니다. 누가 생각해도 틀린 생각이 아니었습니다. 그러한 생각을 가지고 하나님의 계명을 잘 지키려고 애쓰는 사람들이 바리새파라는 집단을 이루게 되었고, 그들이 사회적으로 인정을 받게 되었습니다. 그들은 하나님의 율법을 잘 지키기 위해서 무척 애를 썼습니다.

그러했기에 자신들이 율법을 잘 지키려고 애를 쓰는 만큼, 율법을 무시하는 사람들에 대한 반감은 커져 갔습니다. 율법을 무시하는 선조들 때문에 나라가 망했는데, 아직도 율법을 무시하는 사람들 때문에 하나님이 복을 주지 않으시는 것이라고 생각하였을 것입니다. 하나님도 그들을 미워하실 것이라고 단정하였습니다.

구약의 율법에 의하면 그런 사람들은 징계를 받아야 마땅하였습니다. 그래서 그들과 상종하지 않았습니다. 또한 유대인들만이 하나님의 선택을 받은 민족이기 때문에 다른 민족들에 대하여 무시하는 마음은 전혀 수그러들지 않았습니다.

이런 유대인이 이해하는 하나님이 진짜 하나님이라면 모든 사람을 소중하게 여기시고 에덴동산의 축복을 주기 원하시는 하나님을 어떻게 상상이나 할 수 있겠습니까? 그들을 통해서는 하나님이 어떤 분이신지 아무도 바로 알 수 없었을 것입니다. 그래서 하나님은 예수님을 통해서 하나님에 대한 오해를 풀도록 하셨습니다.

　자신을 의롭다고 생각하는 사람은 그 마음을 바꾸기가 쉽지 않습니다. 그래서 예수님은 유대교의 종교지도자들과 대적하는 입장에 서실 수밖에 없었습니다. 그들의 잘못을 깨닫게 해 주셔야 했던 것입니다.
　예수님은 의도적으로 그들이 믿는 바와 반대되는 일을 하셨습니다. 일부로 안식일에 병든 사람을 고치셨습니다. 병든 사람을 고치는 일은 선한 일이지만, 유대인들은 예수님이 병을 고치는 것조차 시비를 걸었습니다. 왜냐하면 다른 요일에 병을 고치실 수 있음에도 굳이 안식일에 병을 고치시는 일을 하는 것이 못 마땅

했기 때문입니다.

 예수님은 그들의 율법적인 마음이 얼마나 모순인가를 깨닫게 해 주시려고 의도적으로 그렇게 하신 것입니다. 예수님은 세리와 창녀와 같이 유대인들이 무시하고 미워하는 사람들과 친하게 지내시며 그들을 회개하도록 이끄셨습니다.

 하나님이 그들을 사랑하고 계심을 증명해 주셨습니다. 외형적인 종교의 틀로 감추어져 있던 사람들의 내재된 교만함과 이기심을 지적하셨습니다. 다른 사람들로부터 높임을 받으려는 위선적인 마음의 태도를 나무라셨습니다. 하나님은 마음 속을 아시는 분이심을 알려주셨습니다.

 저는 그러한 이유로 하나님이 예수님을 보내셨다고 하는 성경의 말씀에 납득이 되었습니다. 제가 하나님의 입장이라도, 이렇게 하는 수밖에 없었을 것 같았기 때문입니다. 하나님은 계시되는 분이기 때문에 예수님이 보여주시고 알려주신 하나님과 다른 하나님을 우리가 상상으로 만들 수 없습니다. 그래서 예수님은 이렇게 말씀하셨습니다.

"예수께서 그에게 말씀하셨다. "나는 길이요, 진리요, 생명이다. 나를 거치지 않고서는, 아무도 아버지께로 갈 사람이 없다. 너희가 나를 알았더라면 내 아버지도 알았을 것이다. 이제 너희는 내 아버지를 알고 있으며, 그분을 이미 보았다."(요한복음 14장 6~7절)

기독교는 독선적이라는 비난을 받습니다. 독선은 다른 사람의 의견은 무시하고 자기의 의견만이 옳다고 주장하는 잘못된 마음입니다. 그러나 진리가 있다면 그 진리는 독선적일 수밖에 없지 않습니까?

예수님께서 설명하시는 하나님이 사실이라면, 그 분과 다른 하나님을 우리가 동시에 인정할 수 없는 것은 어쩔 수 없는 일입니다. 예수님은 그 점을 분명히 하셨습니다. 예수님을 알아가는 것은 하나님을 알아가는 것과 같습니다. 하나님은 예수님을 통해서 당신이 어떤 분이신지 우리가 알기를 바라십니다.

## 2. 예수님: 사랑의 하나님

예수님이 보여주신 하나님의 모습 중에서 가장 극적인 것은 바로 우리를 위해서 십자가에 죽으시는 모습이었습니다. 하나님은 우리를 대신해서 예수님을 희생하심으로써 우리를 얼마나 사랑하시는지를 보여주셨습니다. 병든자를 고치시고, 죽은자를 살리시고, 빵 다섯 개로 오천 명을 먹이시고, 귀신을 내어 쫓는 기적을 행하신 예수님께서 무기력하게 십자가에 죽은 사건은 다른 방식으로는 해석을 할 수가 없습니다.

선과 악의 재판장이 되시고 죄를 심판하실 권세를 가지신 하나님께서 예수님의 죽으심을 대속의 방법으로 규정하셨습니다. 대신 죄를 속하는 법을 만드신 것도 하나님의 은혜이지만 예수님을 죽게 하신 것은 우리가 상상할 수 없는 더 큰 은혜입니다. 그리고 성경은 이렇게 이야기합니다. 내 대신 사랑하는 예수님을 희생하신 하나님이 어찌 더 좋은 것을 주시지 않으시겠습니까?

예수님이 알려주신 하나님은 너무 완벽하게 좋으신 하나님이십니다. 유대인들의 하나님이나 이슬람의 알라와는 비교할 수 없는 그런 성품의 하나님이십니다. 너무 좋아서 믿기 힘이 듭니다. 그러나 저는 예수님을 통해서 하나님을 믿습니다. 예수님을 통하지 않고서는 사랑의 하나님을 믿을 수 없습니다. 하나님을 믿는다는 것은 이런 하나님을 알아가는 것입니다. 그래서 성경은 이렇게 기록합니다.

"모든 성도와 함께 여러분이 그리스도의 사랑의 너비와 길이와 높이와 깊이가 어떠한지를 깨달을 수 있게 되고, 지식을 초월하는 그리스도의 사랑을 알게 되기를 빕니다. 그리하여 하나님의 온갖 충만하심으로 여러분이 충만하여지기를 바랍니다."(에베소서 3장 18-19절)

## 3. 예수님: 주님

예수님은 하나님이 어떤 분이신지를 알려주셨을 뿐 아니라, 사람이 어떻게 하나님을 믿으며 살아야 하는지 본을 보여 주셨습니다. 그래서 예수님께서는 제자들에게 "나를 따라오너라"라고 말씀하셨습니다. 예수님은 단지 제자들에게 원리와 이론만 가르쳐 주신 것이 아니었습니다. 예수님과 같이 살면서 예수님을 개인적으로 알아가고 자신의 삶을 통해서 배우게 하셨습니다.

예수님이 사셨던 시대는 로마가 이스라엘을 다스리던 시대였습니다. 경제사적인 분류에 의하면 고대 노예사회였습니다. 그 당시 노예는 인간 취급을 받지 못하고, 주인의 소유물로 여겨졌으며 주인이 하라면 죽는 시늉이라도 해야 하는 처지였습니다. 그래서 주(Lord)라고 하는 호칭은 단순한 호칭이 아니었습니다. 노예가 자신의 권리를 다 포기한다는 의미로 주인을 부르던 호칭입니다.

또 당시 사람들은 황제나 높은 관료에게도 주님이라는 호칭을 쓰면서 그들의 권위를 인정하곤 하였습니다. 예수님을 따르던 사람들은 자연스럽게 예수님을 주님이라고 호칭하였습니다. 예수님에게는 그런 권위가 있었던 것입니다.

오늘날 '주님'이라는 말은 종교적인 호칭처럼 사용되고 있습니다. 그러나 진정한 의미에서 주님은 나에 대하여 권위를 가지고 계시며, 내가 믿고 따르는 분이라는 의미입니다. 예수님도 이렇게 말씀하셨습니다. "나더러 '주님, 주님' 하는 사람이라고 해서, 다 하늘 나라에 들어가는 것이 아니다. 하늘에 계신 내 아버지의 뜻을 행하는 사람이라야 들어간다."(마태복음 7장 21절)

예수님이 가르쳐 주시는 하나님의 말씀에 순종하지 않으면서 예수님을 주님으로만 호칭하는 것은 참 믿음이 아니라고 말씀을 하신 것입니다. 예수님을 주님이라고 호칭하는 것은 예수님의 말씀, 즉 하나님의 말씀에 순종하겠다고 하는 고백을 의미합니다.

 사람은 자신이 믿고 의지할 사람의 말을 잘 따릅니다. 조직 폭력배 집단에서는 두목의 말에 절대 순종한다고 합니다. 비슷한 충성의 관계를 정치에서도 볼 수 있습니다. 그리고 일반 사람들도 자신이 멘토로 정한 사람에 대하여는 존경을 표하고 그의 말에 주의를 기울입니다. 이렇듯 사람들은 다른 사람의 영향을 잘 받습니다. 그런데 구약 성경을 보면 유대인들은 하나님의 말씀에는 잘 순종하지 않았습니다. 사람들은 보이는 어떤 사람을 따르는 것 보다 보이지 않는 하나님을 따르는 것을 어려워하는 것 같습니다.

 그래서 하나님은 제자들로 하여금 예수님을 주님으로 섬기며 따르게 하셨습니다. 예수님은 사랑과 섬김으로 제자들을 이끄셨기 때문에 제자들은 자발적으로 예수님을 따랐습니다. 하나님이 우리에게 바라시는 것이 이것이 아닐까요?

예수님을 통해서 보여주신 것처럼, 하나님이 얼마나 우리를 사랑하시고 돕기 원하시는지를 우리가 알면, 제자들이 예수님을 따르듯이 우리가 하나님을 따를 수 있습니다. 하나님을 믿는다는 것은 하나님의 말씀을 듣고 순종하는 것을 의미합니다. 그런 의미에서 믿음과 순종은 다른 것이 아닙니다. 그러므로 예수님을 믿는다는 것은 예수님이 주님이라고 고백하는 것과 같습니다. 진정 예수님이 주님이 되시면, 우리는 시간이 지남에 따라 변해갈 것입니다.

# 6
# 성령은 누구인가?

소망의 문이 열렸습니다. 하나님은 성령님을 보내주셨습니다. 성령님은 우리를 도우셔서 소망의 문으로 들어가게 하십니다.

하나님은 우리를 도우시는 분이십니다. 이것은 성경이 약속하신 바요 이 글에서도 계속 강조한 것입니다. 그러면 자연스럽게 떠오르는 질문이 있습니다. 오늘날 하나님이 어떻게 도우시나요?

전능하신 하나님이 이 세상에서 믿는 사람을 도우시면 모든 믿는 사람들이 형통케 된다는 의미입니까?

하나님은 자판기와 같은 분이 아니십니다. 도우신다는 의미를 나의 요구에 응답하여 주시는 분이라고 이해를 하면 그런 오해를 할 수 있습니다. 하나님은 나의 요구에 응답해 주시는 분이 아니십니다. 사람들은 기복적인 이유로 종교에 심취하는 경우가 많이 있습니다. 복을 받기 위해서 복 주시는 대상을 찾아나서는 것입니다.

그러나 그런 복은 하나님이 주시고자 하는 복과는 전혀 다릅니다. 한마디로 하나님은 사람들의 이기심과 욕심을 채워주시고자 하시는 의도가 전혀 없으십니다. 하나님을 믿으면 오히려 어려움을 겪게 되는 경우가 생기게 됩니다.

예수님도 이렇게 제자들에게 말씀하셨습니다.

"세상이 너희를 미워하거든, 세상이 너희보다 먼저 나를 미워하였다는 것을 알아라. 너희가 세상에 속하여 있다면, 세상이 너희를 자기 것으로 여겨 사랑할 것이다. 그러나 너희는 세상에 속하지 않았고 오히려 내가 너희를 세상에서 가려 뽑아냈으므로, 세상이 너희

를 미워하는 것이다."(요한복음 15장 18-19절)

이 말씀대로 예수님의 제자들은 그 당시에 핍박을 많이 받았습니다. 오늘날도 예수님을 믿으며 살다보면 손해도 보고, 오해도 받을 수 있습니다. 특히 요즈음에는 예수님을 믿는 것에 대하여 무시하고 비웃는 내용의 글들을 쉽게 접할 수 있습니다. 그런데 어떤 도우심을 기대할 수 있을까요?

사람들이 일반적으로 가장 원하는 것은 돈을 많이 버는 것이겠지요. 지금은 돈이 힘인 세상이기 때문에 하나님이 어떻게 돕길 원하시는지 물으면, 아마 돈을 많이 벌게 해 주실 것을 원할 사람이 많지 않을까 싶습니다. 하나님을 믿고 돈을 잘 벌게 된 사람들의 이야기들이 물론 상당수 있습니다.

구약 성경에서 보면 하나님을 잘 믿는 사람들은 물질의 축복도 받았습니다. 이 세상에서 부유한 나라들은 기독교의 유산을 가지고 있는 나라가 많이 있습니다. 그럼에도 예수님을 믿으면 돈을 벌 수 있다는 것을 일반화시킬 수 있는 근거를 신약 성경에서는 찾아볼 수 없습니다. 실제로 예수님은 가난하게 사셨고, 부자 청년을 보고는 재물을 다 팔고 나를 좇으라고 까지 도전하셨습니다. 돈을 벌기 원하는 부자를 보고 어리석다고 비유를 통해서 말씀하신 분이 예수님이십니다. 따라서 하나님께서 모든 사람에게 돈을 잘 벌 수 있도록 도움을 주시리라는 환상은 갖지 않는 것이 좋습니다.

그러나 제가 이렇게 이야기한다고 오해하지는 마십시오. 경제적으로 궁핍한 사람들은 하나님께서 도우셔서 경제적인 어려움으로부터 벗어나게 해 주실 것을 기대하는 것은 나쁜 일이 아닙니다. 왜냐하면 하나님은 당신의 사랑하는 사람이 어려움에 처한 것을 외면하시는 분이 아니시기 때문입니다. 제가 믿기로 가난한 사람은 경제적인 영역에서도 하나님의 도우심을 경험하게 될 것입니다.

하나님은 우리를 어떻게 도우십니까?

성경에서는 하나님이 우리를 도우시기 위해서 성령님을 보내셨다고 말씀을 하십니다. 성령 하나님은 예수님을 믿는 사람들의 마음에 들어오셔서 우리의 영을 살려주시고 새롭게 해 주시는 분이시라고 설명합니다. 영이신 그 분의 존재는 우리의 오감으로 느껴지는 분이 아니시기 때문에 믿음으로 인정해야 합니다. 당연히 과학적으로 성령의 존재를 증명할 수는 없습니다. 과학적인 사고에 익숙해 있던 제가 하나님을 믿는 과정에서 어려운 점이 있었다면 성령에 관한 것이었습니다. 지금 깨닫는 것은 성령의 도우심은 우리가 믿는 만큼 경험할 수 있다는 것입니다.

## 1. 성령: 하나님의 계시

예수님은 하나님이 어떤 분이신지를 우리에게 알려주신 분이십니다. 그러나 지금 예수님은 우리와 함께 하시지 않습니다. 그 대신 우리는 예수님의 행적과 말씀이 기록된 성경을 통하여 하나님을 알아가게 됩니다.

 그런데, 문제는 성경을 통해서 하나님을 아는 것이 쉽지 않다는 것입니다. 철학 지식이 많고 학문에 능하다고 해서 성경을 잘 이해할 수 있는 것은 아닙니다. 사람의 생각으로 성경을 이해하려고 하면 막히는 부분이 너무 많습니다. 과학적인 사고를 가지고 성경을 이해할 수 있는 것도 아닙니다. 성경이 어려운 말로 쓰여져서 그런 것이 아닙니다. 사실 성경의 내용은 누구나 쉽게 이해할 수 있습니다. 성경이 쓰여진 당시 예수님을 믿었던 사람들은 대부분 교육을 잘 받지 못한 사람이었습니다.

 문제는 '성경을 어떤 마음과 어떤 태도로 읽는가'입니다. 사랑하는 사람으로부터 편지를 받았다고 합시다. 그 편지를 다른 사람이 보면 어떻게 생각을 할까요?
 비평가가 보면 문체가 만연체인지 간결체인지, 저자가 어떤 사상을 가지고 있는지, 그리고 표절을 했는지

안했는지에 관심이 있을 것입니다. 나를 잘 모르는 사람이 그 편지를 보면, 기록된 내용을 가지고 상황을 판단하려 할 것입니다. 둘 사이에 어떤 문제가 있는지, 왜 편지를 썼는지 등을 알려고 할 것이고, 그 상황에서의 대처 방법들을 분석할 수 있을지 모릅니다. 편지의 상황이 자신에게 적용이 되지 않으면 별 감동을 받지 못할 것입니다. 그러나 당사자인 내가 읽으면 어떻게 읽을까요?

무엇보다 편지를 쓴 그 사람의 마음을 헤아리게 될 것입니다. 글은 상대가 나에게 전달하려고 하는 마음의 표현이니까요. 성경은 하나님이 우리에게 주시는 편지와 같습니다! 그러므로 성경을 바로 읽으려면 하나님의 마음을 헤아릴 필요가 있습니다.

그렇다면 어떻게 하나님의 마음을 헤아릴 수 있을 것인지에 대한 물음이 남습니다. 하나님과의 교제가 있었다는 전제가 있어야 하는 것이 아닙니까? 성경을 통해서 하나님을 알아야 교제를 할 터인데, 하나님과의 교제가 있어야 성경을 이해한다고 하니, 이건 '닭과 달걀'의 문제처럼 풀리지 않는 것이 아닙니까?

이에 대하여 성경은 이렇게 말씀합니다.
"하나님께서는 성령을 통하여 이런 일들을 우리에게 계시해 주셨습니다. 성령은 모든 것을 살피시니, 곧 하나님의 깊은 경륜까지도 살피십니다. 사람 속에 있는 그 사람의 영이 아니고서야, 누가 그 사람의 생각을 알 수 있겠습니까? 이와 같이, 하나님의 영이 아니고서는, 아무도 하나님의 생각을 깨닫지 못합니다."(고린도전서 2장 10-11절)

즉 하나님의 영이신 성령을 통하여 하나님의 생각을 깨닫게 해 주신다는 것입니다. 그런 의미에서 성령은 하나님이 어떤 분인지를 계시해 주시는 분이십니다.

저는 성경을 매일 읽습니다. 그래서 지금까지 성경을 여러 번 읽었습니다. 세상의 책은 한번 읽고 그 내용을 깨달으면 다시 읽을 필요를 느끼지 않습니다. 그 책에 담긴 내용에 한계가 있기 때문에 내용을 다 이해한 책을 또 읽을 필요는 없습니다.

그런데, 성경책은 그렇지 않습니다. 읽을 때 마다 새로운 깨달음을 얻게 됩니다. 분명히 전에도 읽었던 구절인데, 이번에는 새롭게 그 의미가 다가옵니다. 성경의 말씀을 어떻게 깨달을 수 있는지 잘 설명할 수가 없습니다. 어떻게 준비하고, 몇 시간 이상을 깊이 묵상해야 하고, 어떤 사전 자료를 찾아야 하고, 등등 말씀을 깨닫게 하기 위한 절차를 정할 수도 없습니다. 제가 예상치 못했는데, 어느 때에 갑자기 마음에 감동을 느끼는 경우도 많습니다. 그렇게 감동을 받으며 읽은 구절은 오래 기억에 남습니다. 이런 일을 이렇게 설명할 수 있습니다. 성경을 읽을 때, 성령의 도우심을 받으면 마음에 감동을 받아서 하나님의 마음을 더 알게 된다는 것입니다.

예수님께서 제자들에게 성령의 존재를 처음 알려주

신 것은 예수님이 십자가에 달리시기 며칠 전이었습니다. 예수님이 이 세상을 떠나고 나신 다음에는 하나님께서 성령을 보내셔서 제자들을 돕도록 하시겠다고 하셨습니다.

"내가 아버지께 구하겠다. 그리하면 아버지께서 다른 보혜사를 너희에게 보내셔서, 영원히 너희와 함께 계시게 하실 것이다."(요한복음 14장 16절)

예수님은 또 이렇게 말씀하셨습니다.

"그러나 보혜사, 곧 아버지께서 내 이름으로 보내실 성령께서, 너희에게 모든 것을 가르쳐 주실 것이며, 또 내가 너희에게 말한 모든 것을 생각나게 하실 것이다." (요한복음 14장 26절)

성령은 영이셔서 시간과 공간의 제약을 받지 않기 때문에 모든 사람에게 오실 수 있으신 분이십니다. 예수님은 인간으로 사셨기 때문에 시간과 공간의 제약을 받으셨지만, 성령은 영이시므로 여러 사람에게 동시에 오실 수 있고, 각 사람을 도우실 수 있으십니다.

성령은 예수님께서 가르치신 것과 다른 어떤 것을 새롭게 가르치시는 분이 아니고 예수님이 가르치신 내용을 바로 이해하도록 도와주실 분이시라고 말씀하십니다. 그러므로 예수님이 알려주시는 하나님과 성령이 깨닫게 해 주시는 하나님은 같은 분이십니다. 요약건대 성령은 하나님이 어떤 분이신지를 알도록 하시기 위해서 하나님이 우리에게 보내시는 영이십니다.

우리의 오감으로 인지할 수 있는 분은 아니지만, 우리가 성경을 읽을 때에, 그리고 우리가 예배를 할 때에 우리에게 특별한 감동을 주셔서 하나님을 더 알게 하시는 분이십니다. 성경을 읽으며 감동을 받게 될 때 저는 그 순간 성령이 저를 도우시고 계신다고 믿습니다. 제가 갑자기 머리가 좋아진 것도 아니고, 감정적인 해프닝도 아니기 때문입니다. 그리고 성령이 저를 도우신다고 생각하면 더 감동을 받습니다. 이렇게 성령의 도우심은 믿음으로 알 수 있습니다!

## 2. 보혜사 성령

예수님이 성령을 소개하실 때 반복해서 사용하신 표현이 '보혜사'입니다. 신약 성경은 헬라어로 기록이 되어 있는데, 보혜사로 쓰인 헬라어는 '파라크레토스'라고 합니다. 원어적으로는 옆에서 도와주고 인도해 주는 분이라는 뜻입니다. 영어 성경에는 헬라어를 번역본에 따라 다른 단어로 번역하고 있습니다. NIV 버전에서는 Counselor(상담자)로, 뉴 킹제임스 버전에서는 Comforter(위로자)로, NASB 버전에서는 Helper(돕는자)로 번역하였습니다.

파라크레토스는 이 단어들이 의미하는 바를 다 내포하는 것이라 하겠습니다. 우리말 성경에서는 보혜사로 번역하였는데, 한자를 풀자면 은혜로 보호하시는 분이라는 뜻입니다. 예수님이 '다른' 보혜사를 보내주신다고 하신 것으로 미루어 자신도 보혜사였다고 설명하신 것으로 이해할 수 있습니다. 예수님이 그 당시의 사람들과 함께 하시면서 가르침도 주시고 도움을 주셨던 것처럼, 성령도 우리와 함께 하시며 도움을 주시는 분이시라는 의미입니다.

성령은 무엇보다 우리가 하나님의 창조 목적대로 변화되어서 하나님의 복을 받을 수 있도록 우리를 도우십니다. 우리가 바라는 바를 이루어 주시는 분이 아니라, 우리를 향해 하나님이 바라시는 바가 우리에게 이루어지도록 도우시는 분이시라는 의미입니다.
성경에는 이렇게 설명하고 있습니다.
"하나님은 여러분 안에서 활동하셔서, 여러분으로 하여금 하나님을 기쁘게 해 드릴 것을 염원하게 하시고 실천하게 하시는 분입니다."(빌립보서 2장 13절)
하나님이신 성령이 우리 안에서 활동하시면 그 분은 우리의 마음을 변화시키셔서 하나님의 뜻대로 우리가 살도록 인도하십니다. 그러므로 성령의 도우심은 무엇보다 먼저 우리 내면에서 경험될 수 있습니다.

그러므로 성령의 도우심을 경험하기 위해서는 성령

이 마음을 변화시키도록 기회를 드리는 것이 필요합니다. 창조주 하나님이 우리에게 자유 의지를 주셨듯이 성령도 우리의 선택을 존중해 주십니다. 그래서 하나님의 도우심을 바라지 않으면 가만 내버려 두십니다.

성령의 도우심을 경험하기 위해서는 성령이 나를 도우시도록 구해야 합니다. 그리고 그 상황 가운데서 하나님의 바라시는 바가 무엇일지를 생각해 보아야 합니다. 그러다 보면, 때로는 성경 말씀이 떠오릅니다. 어느 경우에는 새로운 아이디어가 떠오르면서 마음이 평안해 집니다. 조금 전까지 내가 가지고 있던 생각과 다른 생각이 들 때에 특별히 주의를 기울여야 합니다. 왜냐하면, 내 스스로의 의지로 그런 생각을 한 것이 아님을 내가 알기 때문입니다.

제가 유학생활 중에 성경을 읽으며 하나님을 제대로 믿어야겠다는 생각을 하게 되었음은 앞에서도 말씀드린 바와 같습니다. 그런데 하나님을 제대로 믿기로 작정하는데 있어서 한가지 걸림이 있었습니다. 그것은 그 당시 제가 즐기던 일들을 하지 못할 것이라는 염려였습니다.

저는 카드놀이를 좋아해서 친구들과 작은 규모지만 내기를 하거나, 리노나 라스베가스의 카지노에 가는 것을 좋아하였습니다. 돈이 많지 않아서 자주 못갈 뿐이었습니다. 아울러 친구들과 어울려 노는 것을 좋아하였는데, 그런 일에 지장을 받을 수 있을 것 같았습니다. 실제로 하나님 믿기를 주저하는 분 들 중에는 술을 너무 좋아하기 때문에, 담배를 끊을 자신이 없어서 등등, 자신이 즐기던 것을 포기하기 싫어서 주저하는 분들을 만나게 됩니다.

"도대체 무슨 재미로 살란 말입니까?"

만약 하나님을 믿자마자 세상의 모든 쾌락을 중단해야 한다고 하면 하나님을 믿는 것은 그야말로 도를 닦는 것과 같은 어려운 선택이 될 것입니다. 그렇다고 하나님을 믿으면서 변함없이 쾌락을 즐긴다는 것은 위선같이 여겨집니다.

그러나 제가 경험한 바에 의하면 그렇게 되는 것이 아니었습니다. 지금 생각하면 다행인 것은 아무도 저에게 하나님을 믿기로 하였으니 행동을 바꾸라고 직설적으로 요구하지 않았다는 것입니다. 그래서 하나님을 믿기로 결정한 다음에도 제가 즐기던 일을 당장 중단하지 않았습니다.

그런데, 시간이 지남에 따라, 전에 즐기던 일로부터 얻는 쾌감이 줄어들었습니다. 제가 즐기던 일의 유혹이 작아졌습니다. 그 대신 다른 즐거움들이 내 마음에 자리 잡게 되었습니다. 제 마음을 스스로 바꿀 수 없을 지라도 성령은 바꾸실 수 있습니다. 즉, 하나님을 믿는 것이 먼저라는 것입니다.

하나님을 믿기 전에 하나님을 믿을 수 있는 수준으로 내 마음을 바꾸는 것은 불가능한 일입니다. 그러나 하나님을 믿으면, 그리고 성령이 내 마음을 바꾸도록 기회를 드리면 바뀔 수 있습니다. 과거에 즐기던 것들을 하지 않아도 괜찮게 되고 다른 즐거움이 우리 안에 생기게 됩니다. 이것은 시간이 걸리는 일입니다. 너무 급하게 생각할 필요가 없습니다.

성령의 도움을 받는 것은 자연스럽게 되는 일이 아닙니다.

거지 왕자의 이야기를 아시지요?

거지의 신분으로 살았던 소년이 하루 아침에 왕자가 되었습니다. 그렇다고 바로 왕자답게 살 수 있는 것이 아니었습니다. 그에게 자연스러운 것은 거지로 사는 것입니다. 그렇다고 왕자가 되었는데 거지로 살 수는 없지 않습니까?

어떻게 해야 합니까?

자연스럽게 사는 것을 포기하고 어색하지만 왕자답게 생각하고, 왕자답게 행동하는 법을 배워야 합니다. 이와 마찬가지입니다. 처음에는 자연스럽지 않지만 육체의 욕심을 따르는 것 보다 성령을 따르는 법을 배워야 합니다. 그러면 성령이 나의 생각과 행동을 바꾸어 주십니다.

그렇습니다. 우리의 신분이 바뀌는 것을 아는 것이 먼저입니다. 우리의 모습, 우리의 마음, 우리의 행동이 바뀌는 것 보다 우리의 신분이 바뀌는 것이 먼저입니다. 그래서 성령은 우리로 하나님과 새로운 관계가 되었음을 깨닫게 하십니다.

성경은 이렇게 말씀합니다.

"하나님의 영으로 인도함을 받는 사람은, 누구나 다 하나님의 자녀입니다. 여러분은 또다시 두려움에 빠뜨리는 종살이의 영을 받은 것이 아니라, 자녀로 삼으시는 영을 받았습니다. 그래서 우리는 그 영으로 하나님을 '아빠, 아버지'라고 부릅니다. 바로 그 때에 그 성령이 우리의 영과 함께, 우리가 하나님의 자녀임을 증언하십니다."(로마서 8장 14-16절)

성령은 하나님을 '아버지'로 부를 수 있게 하시고, 하나님을 육신의 아버지와 같이 가깝게 여길 수 있도록 도우십니다. 하나님은 우리를 자녀로 삼기를 원하십니다. 완전하신 하나님이 어떻게 이렇게 불완전하고,

초라한 나를 자녀로 삼길 원하신다는 말입니까? 우리는 이해할 수 없을 지라도 하나님이 그런 분이시라는 것을 우리가 받아들이고 그에 걸맞게 생각하고 행동하려는 마음을 가져야 합니다.

우리의 신분이 바뀌었음을 알면 우리는 새로운 자존감을 가질 수 있습니다. 하나님의 자녀가 되어 하나님이 나를 사랑하시고 존귀하게 여기시는 것을 믿을 수 있습니다. 그리고 아버지 하나님이 나의 보호자가 되시기 때문에 내가 나를 보호하려고 애쓸 필요가 없습니다. 자존감과 안전감이 채워집니다.

성령은 우리에게 새로운 삶의 목적을 발견하게 하십니다. 하나님이 나에게 원하시는 것이 무엇인지를 알게 하시고 그렇게 살 소원을 주십니다. 저는 예수님을 믿기 전에는 무슨 일을 하는 것이 가치있는 일인지, 내 자신이 무엇을 하고 싶은지에 대하여 잘 알지 못하였습니다. 그런데 예수님을 믿고 나서 변했습니다. 하고 싶은 일이 너무 많아졌습니다. 삶에 활력을 찾게 되었습니다.

아울러 성령은 우리에게 용기와 힘도 주십니다. 사도행전이라는 책은 예수님이 이 세상을 떠나신 후에 제자들이 어떻게 기독교를 세상에 전파시켰는지에 대해 기록한 책입니다. 초창기에 핍박을 받아서 순교를 당한 사건도 기록이 되어있습니다. 제자들은 그 당시 핍박을 어떻게 견디었을까요?

제자들은 성령으로 충만해지면, 사람들의 협박과 회유에 굴하지 않고 예수님을 증거할 수 있었습니다. 그래서 성경에서는 성령으로 충만해지는 것을 술에 취하는 것으로 비유하기도 합니다. 술에 취하면 호기가 생기듯이 성령이 충만해지면 내가 생각하지 못했던 용기가 생기기 때문입니다. 아울러 하나님은 우리에게 사명만 주시는 것이 아니라, 사명을 감당할 수 있는 능력도 주십니다. 용기도 주시지만 필요한 능력도 주시고 재능도 주십니다. 그래서 예수님을 믿고 나서 특별한 재능을 발견하는 사람도 있습니다.

성경에서 말씀하고 있는 성령의 도우심은 비단 우리의 내면을 바꾸시는 것에 국한된 것은 아닙니다. 성령에 대한 성경의 기록을 읽으면 궁금한 것이 생기는데 그것은 놀라운 기적들에 대한 것입니다. 성령을 받은 사람들을 통해서 많은 초자연적인 역사들이 나타났습니다.

예를 들어 예수님의 제자들이 귀신을 내어쫓고, 병든 사람을 치유하고, 예언을 하고, 사람들이 잘 알아들을 수 없는 이상한 말(방언)을 하는 등의 일이 그것입니다. 예수님이 보내시겠다고 하신 성령이 처음 제자들에게 온 사건을 성경이 기록할 때에도 그러한 초자연적인 역사가 있었습니다. 제자들이 갑자기 방언으로 말하기 시작한 것입니다. 배우지도 않은 외국어를 이야기해서 외국인들이 놀란 사건이 기록되어 있습니다.

예수님도 병을 고치셨지만, 성령을 받은 제자들도 병을 고쳤습니다. 베드로와 요한은 날 때부터 앉은뱅이로 구걸하며 생계를 유지하던 사람을 일으켜 세우는 기적을 행했습니다. 그러한 기적들이 따라왔기 때문에 많은 사람들이 예수님의 제자들의 말을 듣고 예수님을 믿게 되었습니다. 초대교회 시대라고 일컬어지는 시기에는 많은 기적들이 일어났습니다.

그리고 성경 어디에도 이러한 기적들이 그 당시에만 한정되어 일어나는 것으로 설명하지 않습니다. 즉, 오늘날에도 그런 기적들을 경험할 수 있을 것으로 예상할 수 있습니다. 그러나 실제로 그런 초자연적인 기적을 잘 볼 수가 없습니다. 이것이 저에게도 어려운 문제였습니다. 사실 지금도 내면을 바꾸시는 성령의 도우심과는 달리, 초자연적인 방법으로 이루어지는 성령의 도우심에 대하여 설명하는 것은 조심스럽습니다. 왜냐하면 제가 확신을 가지고 자신있게 기록할 만큼 충분한 경험을 가지고 있지 않기 때문입니다.

제가 처음에 성경을 공부할 때에는 초자연적인 성령의 역사가 오늘날도 일어날 수 있다고 배우지 않았습니다. 특정한 시기에만 일어난 사건으로 배웠습니다.

오늘날 하나님을 알아감에 있어서 성경으로 충분하기 때문이라는 것입니다. 그러나 성경을 읽을 때마다 초자연적인 성령의 능력이 오늘날도 일어날 수 있을 것이라는 마음이 들었습니다.

또한 기독교의 어느 종파에서는 이러한 성령의 능력을 경험한다는 소식도 듣고 있었습니다.

그러던 중 2000년도에 제가 개인적인 어떤 일로 간절히 기도하는 중에 성경에 기록된 초자연적인 경험을 했습니다. 나는 흥분이 되어 집에 와서 잠을 잘 이루지 못했습니다. 이 일을 교회에 알릴 수가 없었지만 개인적으로는 은사를 받은 사람에게는 성령의 초자연적인 역사가 오늘날도 일어날 수 있다는 믿음을 갖게 되었습니다.

또한 선교지에서 선교사들을 만나서 이야기해 보면 초자연적인 역사에 대한 이야기를 들을 수 있었습니다. 저처럼 전자공학을 전공한 박사이시면서 40세가

넘어서 직장을 그만두시고 목사님이 되신 분이 계십니다. 그 분은 매우 합리적이고 성격도 차분한 분이셔서 누구나 신뢰를 주는 분이십니다. 그분이 단기 선교를 다녀오신 이야기를 개인적으로 들은 적이 있는데, 길거리에서 귀신 들린 사람을 쫓아낸 이야기를 해 주셨습니다. 자신도 놀라셨다고 합니다. 한 번도 그런 경험을 해 본적이 없는데, 그런 상황이 닥쳤고, 성경에서 배운 바대로 예수 그리스도의 이름으로 귀신을 내어 쫓을 수 있었다고 했습니다. 선교지에서는 이러한 성령의 능력이 필요하다고 생각이 되었습니다.

 이런 일을 경험한 뒤에 몇 년이 지나서 우리 교회에서도 성령의 초자연적인 역사를 인정하게 되었습니다. 우연치 않게 우리 교회에 말씀을 전하러 오신 몇분의 목사님들이 성경 말씀을 통하여 성령의 초자연적인 역사에 대하여 잘 설명을 해주셨던 것이 계기가 되었습니다. 그 이후 우리가 후원하는 선교사 중에서 피지에서 선교를 하시던 분에 의하여 귀신이 들렸던 한

청년이 치유가 되고, 그 이후에도 여러 병이 낫는 기적이 일어나서 인도인들의 마을에 교회가 세워진 소식을 들었습니다. 남의 이야기가 아니라, 나와 같이 지내던 사람에 의하여 일어난 일이고, 그 결과 교회가 세워졌다고 하는데 어찌 믿지 않을 수 있겠습니까?

우리 주변에 아픈 분들이 많아서 그 분들의 병이 기적적으로 치유되면 좋겠다는 바람을 갖게 되었습니다. 그래서 병의 치유를 위해서 기도합니다. 간혹 치유를 경험하기도 합니다. 만약 10명을 위해서 기도를 했는데 1명이 병이 나았다면 그것도 하나님의 은혜가 아닙니까? 1명을 낫도록 하기 위해서 10명에게 기도할 이유가 있다고 믿습니다. 저 개인적으로도 자녀들을 위한 기도가 응답된 경험이 있습니다.

성경에는 병을 치유하거나 예언을 하는 등의 초자연적인 능력을 성령의 은사라고 설명하고 이런 은사를 가진 사람이 있다고 이야기합니다. 아울러 은사를 가진 것은 나를 높이기 위한 것이 아니라, 오히려 다른 사람을 섬기기 위한 것이므로 은사를 사용하여 남을 섬기는 일에 최선을 다해야 하는 사명도 함께 가지는 것임을 알라고 하십니다. 하나님은 은사를 가진 사람을 통해서 사람을 도우십니다.

　성령은 이렇듯 우리의 내면 뿐 아니라 사역도 도우시는 분이십니다. 하나님이 우리 삶에 새로운 목적을 깨닫게 하십니다. 우리에게 어떤 일을 하고 싶은 소망이 생깁니다. 그럴 때에 내 마음대로 일을 하면 잘 안 될 수 있습니다. 왜냐하면 하나님이 하시고자 하시는 일은 결코 내 힘으로 할 수 있는 시시한 일이 아니기 때문입니다. 그러므로 우리는 성령의 도우심을 받아야 합니다. 성령이 용기와 힘도 주시고, 능력도 주십니다. 주님의 일을 하면서 성령의 도우심을 경험하는 것은 흥미진진한 일입니다.

# 7 어떻게 믿음을 가질 수 있는가?

예수님을 믿으면 소망의 문이 열립니다. 그런데, 믿음은 어떻게 생기나요? 내 마음대로 믿음을 가질 수는 없어도 믿기로 선택할 수는 있습니다. 내가 하나님을 찾으면 하나님은 나를 만나주십니다.

지금까지 성경을 통하여 창조주 하나님이 어떤 분이시며, 그 분을 믿는다는 것이 무엇을 의미하는지를 살펴보았습니다. 앞에서 설명한 대로라면 하나님을 믿는다는 것은 너무 좋은 일입니다.

저는 학교에서 학생들과 직원들과 같이 믿음에 대하여 이야기를 하는 성경 공부 모임을 여러 차례 가졌습니다. 모임에 참여한 많은 사람들은 처음에는 기독교에 대하여 좋지 않은 감정을 가지고 있었습니다. 어떤 사람은 주변에 있는 기독교인들의 모습으로부터 크게 실망하여 상한 마음을 가지고 있었습니다. 저는 그런 분들을 잘 이해할 수 있습니다. 왜냐하면 저도 전에는 그와 다르지 않았기 때문입니다. 성경을 바로 알기 전까지 교회에 대하여 비판적이었고, 하나님에 대한 믿음은 제 삶에 아무런 영향을 끼치지 않았습니다.

그러나 성경 공부를 통해서 제 자신이 변하지 않았습니까? 그래서 저는 기독교에 대하여 어떤 반감을 가지고 있는 사람이든지, 그들도 성경의 가르침을 바로 알게 되면 생각이 바뀔 수 있다는 희망을 가지고 있습니다. 성경은 지금까지는 접해보지 못한 새로운 관점에서 우리 자신을 돌아보게 하고 사회와 역사를 돌아보게 합니다. 그래서 신선합니다.

성경 공부를 했던 대부분의 사람들은 그 시간을 재미있고 의미있게 여겼습니다. 성경 모임은 정해진 기간

동안 지속되는데, 그 기간이 끝나게 되면 남는 것은 각자의 선택입니다. 하나님을 믿는 것을 선택할 것인가, 아닌가. 같이 이야기를 나눈 학생들 중에서 바로 하나님을 믿기로 선택하는 사람들은 10~20% 정도가 되었습니다.

비록 많은 사람들이 하나님을 믿는 믿음을 선택하지 않지만, 저는 모임에 참석한 사람들이 이런 기회를 통하여 진지하게 자신이 무엇을 믿고 살 것인지를 고민할 기회를 갖는 것에 의미를 갖습니다. 그리고 무엇보다 기독교에 대한 오해가 풀리는 것에 의미가 있습니다. 하나님을 믿는 사람들이 잘못할 지라도, 성경의 가르침에는 잘못이 없습니다. 하나님은 공의로우시고 자비하시고 선하십니다!

그렇습니다, 믿음은 우리의 입장에서는 선택입니다. 우리가 선택하지 않으면 우리는 믿을 수 없습니다. 믿음은 강요로 되는 것이 아니기 때문입니다. 그러나 선택한다고 바로 믿음이 생기는 것도 아닙니다. 그럴 수만 있다면 평생 내 마음대로 살다가 죽기 직전에 하나님을 믿기로 결정하면 좋지 않겠습니까? 고대 로마의 황제 콘스탄티누스 대제가 임종 직전에 세례를 받았다고 하는데, 정말 믿음을 가진 것인지는 잘 모르겠습니다. 믿고 싶은데 믿어지지 않는다고 말하는 사람도 있습니다. 우리 마음대로 믿음을 생기게 할 수는 없습니다.

사람에 대한 믿음이 생기는 과정을 생각해 보지요. 어떤 사람이 있다고 가정해 봅시다. 내가 그 사람을 믿을만한 증거가 없고 확신도 아직 없습니다. 그러나 일단 그 사람을 믿어보기로 마음을 먹을 수는 있습니다. 믿어보기로 마음을 먹으면 그 사람이 하는 말을 믿으려 할 것이고, 그 사람과 일을 같이 하기도 할 것입니다. 그 사람과 보내는 시간이 늘어날수록, 그 사람의 생각을 알게 되고, 그 사람의 성품도 알게 됩니다. 그러다가 시간이 지나면 판가름이 납니다. 믿을 만한 사람인지, 아닌지.

비슷한 과정으로 하나님을 믿을 수 있습니다. 먼저 창조주 하나님이 계시다는 것을 믿기로 선택합니다. 이것은 하나님이 계시지 않다고 믿는 것보다 어려운 일은 아니라고 생각됩니다. 왜냐하면 이 세상의 시작을 다르게 설명할 방법이 없으니까요. 그리고 그 창조주 하나님이 성경에서 말씀하시는 하나님이라는 것을 믿어 보기로 작정을 할 수는 있습니다. 창조주 하나님은 나를 진정 사랑하셔서 나에게 최선을 주고 싶어하시는 분이심을 받아들여 봅시다.

성경은 인생의 문제가 하나님을 인정하지 않는 죄로 말미암은 것이라고 하고 내가 의롭지 않고 죄에 속박되어 있다고 하십니다. 이것은 내 인생을 바라보는 새로운 관점인데 이 말씀을 받아들이는 것이 시작입니다. 사람 앞에서는 자신을 낮추는 것은 자존심 상하는 일이지만, 창조주 하나님 앞에서 겸손하게 자신의 연약함과 부족함을 인정하는 것은 그리 어려운 일은 아닐 것입니다.

하나님을 믿기로 선택하는 것은 하나님 앞에 겸손해 지는 것을 의미합니다. 이 모든 말씀은 나를 사랑하시기 때문에 주시는 것입니다. 그리고 하나님의 사랑은 예수님을 통해서 확증됩니다. 따라서 이런 하나님을 믿기로 선택하는 것은 예수님을 믿기로 선택하는 것과 같습니다. 성경은 그래서 믿음을 '예수님을 영접하는 것'이라고 표현합니다.

사람과의 관계와 마찬가지로 하나님과의 관계에서 믿음이 생기려면, 하나님의 뜻이 무엇인지를 알아야 하고 하나님의 말씀대로 살아보아야 합니다. '믿을 수 있는지 없는지'는 하나님을 믿기로 선택하고 하나님의 말씀을 배우고 순종을 해 보아야 판단을 할 수 있습니다. 이런 시간을 갖지 않고 '하나님이 믿어지지 않아서' 믿을 수 없다는 것은 성급한 결정입니다. 하나님을 믿기로 선택하려는 마음 자체가 없어서 '안믿겠다'고 하는 것의 다른 표현일 것입니다. 그래서 믿음은 순종이라고 합니다. 말씀에 순종해 보지 않으면 믿음이 생기지 않습니다. 믿음은 지식이 아니라 관계성입니다. 하나님을 신뢰하는 것입니다. 나는 믿기로 결단하였을 뿐인데 어느새 믿음이 진짜 생기게 됩니다.

우리가 예수님을 영접하면, 하나님의 영이신 성령이 우리에게 오셔서 우리를 도우시고 우리 마음에 변화가 생깁니다. 하나님의 말씀에 감동하게 되고, 죄에 대한 양심의 가책이 살아나게 되고, 기도를 하면 마음이 편해지는 등, 성경에 기록된 대로 성령을 통한 변화들이 나에게 일어납니다. 그렇습니다, 내가 변화되어 가는 것을 경험할 수 있습니다. 이것이 믿음입니다. 믿음이 생기게 되면 적극적으로 변화를 수용할 수 있습니다. 내 삶의 목적을 발견하게 되고, 하나님을 더 알고 싶은 마음이 생깁니다.

하나님은 우리의 선택을 존중하십니다. 그리고 우리가 내린 선택에 대한 책임은 우리가 져야 합니다. 우리가 하나님을 믿지 않기로 선택하면 그에 대한 결과는 우리의 몫입니다. 이 세상에서 행복하게 사는 것도 쉽지 않겠지만, 더 큰 문제는 죽음 이후입니다. 왜냐하면 하나님께서는 하나님을 믿지 않는 사람들은 죽은 다음에 지옥에 가게 될 것이라고 말씀하시기 때문입니다. 지옥을 가보지 않았기 때문에 어떤 곳인지는 잘 알 수 없지만, 매우 안 좋은 곳으로 성경은 묘사합니다.

우리가 살면서 '지옥같은 생활'이라는 표현을 쓰기도 하지요?

사람들 간에 다툼과 폭력이 그치지 않고, 사람들은 고통스럽게 살고, 아무도 자신을 도와줄 수 없는 상태에 빠져있을 때에 지옥과 같은 곳이라고 합니다.

사실 하나님을 두려워하지 않는 사람들이 자신의 욕심만을 위해 살면 지옥과 같은 곳이 될 것이라고 생각합니다. 창조주 하나님을 인정하게 되면, 지옥에 대하여 이렇게 경고하시는 하나님의 마음을 이해할 수 있습니다. 하나님을 믿지 않는 것이 얼마나 나쁜 것인지를 알려주셔서 하나님께로 돌아올 수 있도록 하시려는 하나님의 마음을 읽을 수 있기 때문입니다.

하나님을 믿기로 선택하면 하나님은 그 선택을 존중해 주셔서 우리에게 하나님이 어떤 분이신지를 알려주십니다. 그래서 '선순종 후체험'이라고 합니다. 하나님이 계심을 체험하면 믿겠다고 말하는 분들이 있지만, 실상은 하나님을 믿기로 작정하지 않으면 하나님을 체험할 수 없습니다. 그리고 하나님을 체험하면 믿음이 자라납니다. 그러므로 믿음과 체험은 선순환의 구조를 가지면서 자라납니다. 이것이 하나님을 믿는 사람의 진짜 모습입니다!

# 8
# 새로운 삶으로의 초대

"누구든지 그리스도 안에 있으면 새로운 피조물입니다. 이전 것은 지나갔습니다. 보십시오. 새 것이 되었습니다. (고린도후서 5장 17절)"

하나님을 믿은 후 저는 좋으신 하나님이 제 인생에 개입하셔서 저를 도우시고 인도해 주시길 바랍니다. 그러기에 하나님을 예배합니다. 하나님을 예배하는 것은 종교의식이 아닙니다. 유대인들의 조상으로 하나님이 처음 택하신 아브라함의 이야기가 성경에 나옵니다. 하나님은 인류 문명의 4대 발생지 중의 하나인 메소포타미아 문명의 중심지에서 살고 있던 아브라함을 부르셔서 가나안 땅으로 가라고 하셨습니다. 아는 사람도 없고, 어떤 환경인지 알지도 못하는 곳이지만 아브라함은 하나님의 말씀에 순종해서 떠났습니다. 아브라함은 이주를 하면서 잠시 머물 곳에 도착하면 늘 제사를 지냈습니다. 제사는 하나님을 예배하면서 자신의 삶에 하나님을 초청하는 것입니다. 낯설고 험한 여행길 도중에 아브라함은 하나님의 인도와 도우심을 바랐던 것입니다.

성경에서 믿음의 사람들은 하나님을 자발적으로 예배하며 하나님을 찾았습니다. 그것은 하나님이 명령하신 것에 억지로 순종하는 것이 아니었습니다. 이렇듯 믿음 생활은 자발적으로 하나님을 예배함으로 하나님과 교제하는 생활입니다. 하나님과 교제를 한다는 것은 바로 하나님의 말씀인 성경을 읽으면서 하나님이 나에게 주시는 말씀을 듣는 것과 우리의 사정을 아뢰고 하나님으로 응답을 듣는 기도를 의미합니다. 기독교 의식으로 알려진 기도와 성경 공부, 예배 등은 형식이 아니라, 하나님과의 교제입니다.

   하나님과 교제를 하면, 하나님이 나를 얼마나 사랑하시는지를 더 알게 됩니다. 하나님의 사랑은 우리의 자존감을 높여주고, 우리가 존귀한 존재라는 것을 깨닫게 하십니다. 더 이상 이 세상에서 인정을 받기 위해 애쓰지 않아도 된다는 것을 깨닫게 됩니다. 이 세상에 대하여 담대한 마음을 갖게 됩니다. 하나님을 의지하지 않으면 사람들은 세상을 의지합니다. 다른 사람의 평판을 중요하게 여기고, 세상에서 무시당하는 것에 민감하게 반응합니다. 그러나 하나님을 의지하고, 하나님의 사랑을 깨닫게 되면, 오히려 세상에 대하여 당당해 집니다. 상황을 바꿀 용기가 생깁니다.

   하나님은 하나님을 믿는 사람에게 삶의 목적을 주십니다. 각 사람마다 부르심의 소망이 생깁니다. 하나님은 나의 인생을 아름답게 만드십니다. 하나님을 믿으면 여러분의 인생은 여러분이 생각하는 그 이상으로 훨씬 값진 인생이 될 것입니다. 많은 증인들이 있습니다. 제 주변의 많은 분들이 하나님을 믿고 완전히 변화되었습니다. 하나님을 믿는 것은 종교를 하나 갖는 것이 아니라, 인생을 바꾸는 것입니다.

의미없는 인생에서 가치있는 인생으로!

부끄러운 인생에서 아름다운 인생으로!

그리고 지옥에서 천국으로!

이 글을 끝까지 읽은 분들을 초청하고 싶습니다.

예수님을 통해 알려주신 사랑의 하나님을 믿어보십시오. 그리고 새로운 삶을 살면서 같이 하나님의 나라를 이루어 가기를 원합니다.

---

이 책을 읽고 질문이 있으시거나 예수님을 믿는 것과 관하여 구체적인 도움을 원하시는 분들은 가까운 교회에 가셔서 도움을 청하시거나 저에게 연락(soonhoi@gmail.com)을 주시기 바랍니다. 그리고 이 책의 확대판이 e-book으로 제작 되었습니다. 인터넷 서점 검색창에 「인생을 바꿔주는 것」을 치면 구입할 수 있습니다.

망망한 바다 한가운데서 배 한 척이
침몰하게 되었습니다.
모두들 구명보트에 옮겨 탔지만
한 사람이 보이지 않았습니다.
절박한 표정으로 안절부절 못하던 성난 무리 앞에
급히 달려 나온 그 선원이
꼭 쥐고 있던 손바닥을 펴 보이며 말했습니다.
"모두들 나침반을 잊고 나왔기에 … "
분명, 나침반이 없었다면 그들은 끝없이 바다 위를
표류할 수밖에 없을 것입니다.

삶의 바다를 항해하는 모든 이들을 위하여
우리는 그 나침반의 역할을 하고 싶습니다.
우리를 구원하신 아름다운 주님을
21세기 문명의 이기(利器)를 통하여
널리 전하고 싶습니다.

우리 나침반 가족은
구원의 복음과 진리의 말씀을 전하며
당신의 믿음 성장과 삶을, 가정을, 증거를,
그리고 당신의 세계를 돕고 싶습니다.

그리스도 안에서
우리는 당신을 진실로 사랑합니다.

"하나님은 모든 사람이 구원을 받으며
진리를 아는 데 이르기를 원하시느니라."
(디모데전서 2장 4절)

365일 부모를 위한 무릎 기도문
# 우리 부모님을 지켜 주옵소서

최성규 목사 지음 / 국반판 / 400쪽 / 값10,000원

"하나님께서, 우리가 부모를 공경하면
잘 되고 장수한다고 약속하셨습니다"

일년 내내 성경말씀과 함께 자녀를 축복하며 안수하십시오!
# 365일 자녀 축복 안수 기도문

정요섭 지음 / 국반판 / 400쪽 / 값9,500원

아침에 일어나서 자녀의 머리에
손을 얹어 안수 기도해 주십시오.
기도해 주는 부모가 있다면
그 자녀는 결코 잘 됩니다!
1년 365일 내내 성경말씀과 함께
자녀를 축복하는 안수기도할 때의 기도문!

예화, 배경설명, 교훈, 생활적용, 기도 순

# 가정예배/새벽기도/성경공부/QT/설교용

송용필 목사지음 / 신국판 / 384쪽 / 각 권 값15,000원

예수님 마음 품게 하소서 / 예수님 성품 닮게 하소서 / 예수님 능력 갖게 하소서

---

바로 응답받는 기도 방법!

# 직통기도 직통응답

프란시스 가드너 헌터 지음 / 국판 / 224쪽 / 값9,000원

믿음으로 기도하라/큰 것을 위해 기도하라/기도하기를 구하라/지혜를 구하라/양털을 가지고 기도하라/쉬지 말고 기도하라/무엇이든지 구하라/바로 지금 기도하라/일의 처음부터 기도하라/주 안에 거하는 법을 배우라/모든 것을 맡기라

## 인생을 바꿔주는 것

지은이 | 하순회 교수
발행인 | 김용호
발행처 | 나침반출판사

초판 1쇄 발행 | 2013년 1월 5일

등 록 | 1980년 3월 18일 / 제 2-32호
주 소 | 157-861 서울 강서구 염창동 240-21
        블루나인 비즈니스센터 B동 1607호
전 화 | 본   사(02)2279-6321
        영업부(031)932-3205
팩 스 | 본   사(02)2275-6003
        영업부(031)932-3207

홈페이지 | www.nabook.net
이 메 일 | nabook@korea.com
           nabook@nabook.net

ISBN 978-89-318-1451-4 03230
책번호 가-9037

값은 뒷표지에 있습니다.